浦东
知识产权综合管理改革创新实践

上海市浦东新区知识产权局
上海大学知识产权学院 ◎编

图书在版编目（CIP）数据

浦东知识产权综合管理改革创新实践/上海市浦东新区知识产权局，上海大学知识产权学院编. —北京：知识产权出版社，2018.3
ISBN 978-7-5130-5399-0

Ⅰ.①浦… Ⅱ.①上…②上… Ⅲ.①知识产权—管理—研究—浦东新区 Ⅳ.①D927.513.340.4

中国版本图书馆 CIP 数据核字（2018）第 006695 号

内容提要

本书从机构改革、政策举措、基层建设、行政保护、综合监管、争议解决、公共服务、金融创新、运营平台、信息利用等方面，较为全面地展示了上海市浦东新区知识产权局探索创新知识产权综合管理改革的工作举措，展示了浦东新区权界清晰、分工合理、责权一致、运转高效、法治保障的知识产权体制机制，也展示了浦东新区更加顺畅的知识产权行政管理、更为高效的知识产权执法保护、更为优化的知识产权综合服务。

责任编辑：黄清明 栾晓航	责任校对：王 岩
封面设计：张 冀	责任出版：刘译文

浦东知识产权综合管理改革创新实践

上海市浦东新区知识产权局
上海大学知识产权学院　编

出版发行：知识产权出版社有限责任公司	网　　址：http://www.ipph.cn
社　　址：北京市海淀区气象路 50 号院	邮　　编：100081
责编电话：010-82000860 转 8117	责任邮箱：hqm@cnipr.com
发行电话：010-82000860 转 8101/8102	发行传真：010-82000893/82005070/82000270
印　　刷：北京科信印刷有限公司	经　　销：各大网上书店、新华书店及相关专业书店
开　　本：720mm×1000mm　1/16	印　　张：13.5
版　　次：2018 年 3 月第 1 版	印　　次：2018 年 3 月第 1 次印刷
字　　数：186 千字	定　　价：48.00 元

ISBN 978-7-5130-5399-0

出版权专有　侵权必究
如有印装质量问题，本社负责调换。

编 委 会

主　　　任：陈亚娟　王　靖
常务副主任：林本初
副　主　任：张　军　丁文联　许春明　鲍　英
　　　　　　袁真富
成　　　员：（按姓氏笔画排序）
　　　　　　王勉青　王　鉴　叶宗雄　叶　蓬
　　　　　　朱金福　李　珂　邱徐平　何　瑛
　　　　　　张玉蓉　张国梁　周　成　胡英杰
　　　　　　高　宏　郭　琦　蒋　严　韩云志
　　　　　　詹宏海　滕美丽　潘春森
校　　　稿：黄　芳　王亚男　罗晓楠　黄珍琳

前　言

2015年12月18日,《国务院关于新形势下加快知识产权强国建设的若干意见》(国发〔2015〕71号)明确指出,"积极研究探索知识产权管理体制机制改革。授权地方开展知识产权改革试验。鼓励有条件的地方开展知识产权综合管理改革试点。"

2016年12月5日,中央全面深化改革领导小组第三十次会议审议通过了《关于开展知识产权综合管理改革试点总体方案》,会议强调,"开展知识产权综合管理改革试点,要紧扣创新发展需求,发挥专利、商标、版权等知识产权的引领作用,打通知识产权创造、运用、保护、管理、服务全链条,建立高效的知识产权综合管理体制,构建便民利民的知识产权公共服务体系,探索支撑创新发展的知识产权运行机制,推动形成权界清晰、分工合理、责权一致、运转高效的体制机制。"

2016年12月30日,国务院办公厅印发《知识产权综合管理改革试点总体方案》(国办发〔2016〕106号),该总体方案指出："推进知识产权综合管理改革是深化知识产权领域改革、破解知识产权支撑创新驱动发展瓶颈制约的关键,对于切实解决地方知识产权管理体制机制不完善、保护不够严格、服务能力不强、对创新驱动发展战略缺乏强有力支撑等突出问题具有重要意义。"

2014年,浦东新区按照上海市委市政府的重大决策部署,在知识产权综合管理改革上先行先试,全新组建的上海市浦东新区知识产权局于2015年1月1日正式启动运行,成为我国首家集专利、商标、版权于一身,兼具行政管理与综合执法职能的知识产权局。

两年多来,浦东对标国际、锐意进取、开拓创新,在国家、上海市知识产权相关部门的指导支持下,致力于探索建设专业型、整体性的政府机构，致力于探索创新集约、高效的行政管理模式，致力于促进形成严保护、大保护、快保护、同保护的工作格局，致力于打造构建综合、有效的价值实现体系，取得了令人瞩目的成效。

  本书挑选了 15 个浦东新区知识产权综合管理改革的案例，分为机构篇、管理篇、保护篇、促进篇，内容涉及机构改革、政策举措、基层建设、行政保护、综合监管、争议解决、公共服务、金融创新、运营平台、信息利用等领域，较为全面地展示了浦东新区知识产权局探索创新的工作举措，展示了浦东新区权界清晰、分工合理、责权一致、运转高效、法制保障的知识产权体制机制，也展示了浦东新区更加顺畅的知识产权行政管理、更为高效的知识产权执法保护、更为优化的知识产权综合服务。

  接下来，浦东将继续深化知识产权综合管理改革，加强知识产权保护和服务，为营造良好的营商环境提供保障，为科创中心建设和自贸试验区建设提供强有力的支撑。

编 者
2017 年 12 月

目录 CONTENTS

- 领导指示摘编   1

- 重大决策部署   5
  上海市人民政府关于浦东新区知识产权工作有关事项的决定／7
  国务院办公厅关于印发知识产权综合管理改革试点总体方案的通知／9
  上海市人民政府关于印发《上海知识产权战略纲要（2011—2020年）》的通知／13

- 概　览   27
  浦东新区知识产权综合管理改革总结／29

- 机构篇   39
  引领综合管理改革　释放体制改革活力／41
  ——浦东新区知识产权"三合一"体制改革
  深化知识产权综合管理改革　全力打造国家级功能性平台／50
  ——中国（浦东）知识产权保护中心成功设立

资源要素叠加组合　综合管理改革彰显互补效应 / 56
　　——浦东新区知识产权政策举措"三合一"

管理篇　　　　　　　　　　　　　　　　　　65
优化知识产权综合服务　提供一站式公共服务 / 67
　　——浦东新区知识产权公共服务平台运行
创新知识产权监管举措　加强事中事后综合监管 / 78
　　——知识产权综合监管体系探索
横向到边纵向到底　条块联动精准服务 / 84
　　——基层知识产权特色工作站建设
搭建社会化服务体系　创新知识产权金融服务 / 93
　　——专业社会组织培育

保护篇　　　　　　　　　　　　　　　　　　105
知识产权"三合一"　"四轮驱动"大保护 / 107
　　——以迪士尼知识产权保护实践为例
知识产权执法"三合一"　打击侵权方便快速有效 / 118
　　——小熊维尼钥匙挂件复合侵权行政处罚案
整合优化保护资源　多元化解知识产权纠纷 / 126
　　——知识产权纠纷多元解决机制构建
挖掘培育保护资源　实现知识产权社会共治 / 136
　　——知识产权社会监督体系建设

促进篇　　　　　　　　　　　　　　　　　　145
聚焦企业融资难题　创新知识产权融资方式 / 147
　　——全国首张知识产权金融卡推出
助推企业创新创业　探索价值实现新机制 / 155
　　——知识产权投贷联动基金启动
化解知识产权风险　助力企业国际化发展 / 164
　　——知识产权综合保险试点推出
聚焦行业共享资源　精准运营知识产权 / 172
　　——智慧医疗知识产权运营平台建设

目录

激活知识产权信息功能　树立知识产权评议标杆／183
——全国知识产权分析评议试点示范工作

附　录　　193

深化知识产权领域改革　需要"全链条"打通／195
——专访全国人大代表、国家知识产权局副局长何志敏

吴汉东：知识产权综合管理改革与治理体系现代化／202

领导指示摘编

习近平（中共中央总书记、国家主席）

2016年12月5日，习近平主持召开中央全面深化改革领导小组第三十次会议，审议通过《关于开展知识产权综合管理改革试点总体方案》等重要文件。会议强调，开展知识产权综合管理改革试点，要紧扣创新发展需求，发挥专利、商标、版权等知识产权的引领作用，打通知识产权创造、运用、保护、管理、服务全链条，建立高效的知识产权综合管理体制，构建便民利民的知识产权公共服务体系，探索支撑创新发展的知识产权运行机制，推动形成权界清晰、分工合理、责权一致、运转高效的体制机制。

李克强（国务院总理）

2015年12月23日，李克强总理签批，国务院印发《关于新形势下加快知识产权强国建设的若干意见》。意见要求，完善知识产权管理体制，授权地方开展知识产权改革试验，鼓励有条件的地方开展知识产权综合管理改革试点。

王勇（国务委员）

2017年4月20日，王勇国务委员出席全国知识产权宣传周启动仪式时强调，要大力推进综合管理改革，完善知识产权体制机制，加快形成便民利民的知识产权公共服务体系。

申长雨（国家知识产权局局长）

2017年3月24日，在博鳌亚洲论坛2017年年会的"知识产权：为创新护航"早餐会上，申长雨局长表示，2016年中央全面深化改革领导小组通过了深化知识产权综合管理改革试点总体方案。国家知识产权局正按照"一个遵循、两个有利于、三个符合"的思路推进试点方案的落实。

一个遵循就是要严格遵循中央全面深化改革领导小组会议的精神，按照中央批复的意见去推进改革。

两个有利于,一是在纵向上要有利于打通知识产权创造、运用、保护、管理、服务的链条;二是在横向上要有利于发挥专利、商标、版权等知识产权保护的综合效应,支撑创新驱动发展。

三个符合,一是符合中国国情和现实需要;二是符合知识产权的客观规律;三是符合国际惯例。

重大决策部署

上海市人民政府文件

沪府〔2014〕80号

上海市人民政府关于浦东新区知识产权工作有关事项的决定

有关区、县人民政府，市政府有关委、办、局：

为了更好贯彻党的十八大以来中央关于实施知识产权战略、加强知识产权保护和转变政府职能、深化行政执法体制改革、整合执法主体的总体要求，促进和保障浦东新区知识产权行政管理和执法体制改革，依据《中华人民共和国行政许可法》、《中华人民共和国行政处罚法》、《国务院关于进一步推进相对集中行政处罚权工作的决定》、《中华人民共和国著作权法实施条例》、《上海市人民代表大会常务委员会关于促进改革创新的决定》、《上海市人民代表大会常务委员会关于促进和保障浦东新区综合配套改革试点工作的决定》等规定，现就浦东新区知识产权工作有关事项作如下决定：

一、关于实施主体的调整

对浦东新区知识产权有关工作的实施主体作如下调整：

（一）专利侵权纠纷行政处理、对以出具虚假专利检索报告等方式牟取不正当利益违法行为的行政处罚权、对为假冒他人专利或者冒充专利提供生产经营便利违法行为的行政处罚权，由市知识产权局委托浦东新区知识产权行政管理部门实施。

（二）境外图书出版合同登记、复制境外音像制品著作权授权合同登记，举办境外著作权贸易活动的备案，由市版权局委托浦东新区知识产权行政管理部门实施。

（三）对违反著作权方面法律、法规、规章的违法行为的行政处罚权，由浦东新区知识产权行政管理部门行使。

（四）对违反商标及特殊标志、官方标志方面法律、法规、规章的违法行为的行政处罚权，由浦东新区知识产权行政管理部门相对集中行使。

二、关于行政复议的分工

浦东新区知识产权有关工作实施主体调整后，对浦东新区知识产权行政管理部门具体行政行为的行政复议申请，由有关部门根据《中华人民共和国行政复议法》的规定负责。其中，对有关著作权领域违法行为作出行政处罚的行政复议申请，由市文化执法总队或者浦东新区政府负责。

本决定自 2015 年 1 月 1 日起施行。

本市有关规定与本决定不一致的，按照本决定执行。今后市政府另有规定的，从其规定。

2014 年 10 月 18 日

国务院办公厅关于印发知识产权综合管理改革试点总体方案的通知

国办发〔2016〕106号

各省、自治区、直辖市人民政府，国务院各部委、各直属机构：

《知识产权综合管理改革试点总体方案》已经国务院同意，现印发给你们，请认真贯彻执行。

国务院办公厅
2016年12月30日

（此件公开发布）

知识产权综合管理改革试点总体方案

推进知识产权综合管理改革是深化知识产权领域改革、破解知识产权支撑创新驱动发展瓶颈制约的关键，对于切实解决地方知识产权管理体制机制不完善、保护不够严格、服务能力不强、对创新驱动发展战略缺乏强有力支撑等突出问题具有重要意义。按照《国务院关于新形势下加快知识产权强国建设的若干意见》（国发〔2015〕71号）和《中央全面深化改革领导小组2016年工作要点》要求，为充分发挥有条件的地方在知识产权综合管理改革方面的先行探索和示范带动作用，制定本方案。

一、总体要求

（一）指导思想。全面贯彻党的十八大和十八届三中、四中、五中、六中全会精神，深入贯彻习近平总书记系列重要讲话精神，围绕统筹推进"五位一体"总体布局和协调推进"四个全面"战略布局，牢固树立和贯彻落实创新、协调、绿色、开放、共享的发展理念，按照党中央、国务院决策部署，深化知识产权领域改革，依法严格保护知识产权，打通知识产权创造、运用、保护、管理、服务全链条，构建便民利民的知识产权公共服务体系，探索支撑创新发展的知识产权运行机制，有效发挥知识产权制度激励创新的基本保障作用，保障和激励大众创业、万众创新，助推经济发展提质增效和产业结构转型升级。

（二）基本原则。

——问题导向。集中资源和力量破解制约知识产权支撑创新驱动发展的难题，因地制宜，实施知识产权综合管理，实行严格的知识产权保护，提升知识产权管理水平。

——紧扣发展。紧贴经济转型发展的重大需求，以改革促发展，充分发挥专利、商标、版权等知识产权的引领作用，有效发挥自主品牌消费对经济增长的拉动作用，激励创新创业，推动供需结构升级。

——统筹推进。统筹中央改革部署与地方改革需求，在有条件的地方开展知识产权综合管理改革试点，及时总结提炼，形成可复制经验，适时推广实施。

——大胆创新。注重顶层设计与基层探索相结合，突破妨碍知识产权发展的思想观念制约，尊重基层首创精神，激发全社会创新活力，允许多种类型、多种模式的改革探索和试验。

（三）试点布局和试点期限。根据国家实施创新驱动发展战略总体部署和重点区域发展战略布局，结合地方知识产权事业发展水平和创新驱动发展对知识产权综合管理改革的需求，选择若干个创新成果多、经济转型步伐快、发挥知识产权引领作用和推动供需结构升级成效显著的地方，开展知识产权综合管理改革试点。改革试点地方选择条件：（1）经济发展步入创新驱动转型窗口期，创新资源和创新活动集聚度高，专利、商标、版权等知识产权数量质量居于全国前列；（2）设有或纳入国家统筹的国家自主创新示范区、国家综合配套改革试验区、全面创新改革试验区、自由贸易试验区等各类国家级改革创新试验区和国家战略规划重点区域，或设有知识产权法院的地方；（3）知识产权战略推动地区经济发展成效显著，知识产权管理体制和市场监管体制机制改革走在前面，知识产权行政执法力量较强，知识产权行政执法效能突出。具体试点地方由国家知识产权局会同工商总局、新闻出版广电总局（国家版权局）等部门尽快研究共同确定。试点期限为1年。

（四）工作目标。通过在试点地方深化知识产权综合管理改革，推动形成权界清晰、分工合理、责权一致、运转高效、法治保障的知识产权体制机制。通过深化简政放权、放管结合、优化服务改革，实现知识产权行政管理更加顺畅、执法保护体系进一步完善、知识产权市场监管和公共服务水平明显提升，有力促进大众创业、万众创新，加快知识产权强国建设，为全面建成小康社会提供有力支撑。

二、主要任务

（一）建立高效的知识产权综合管理体制。鼓励多种类型、多种模式的改革探索。科学划分知识产权部门政策引导、公共服务、市场监管职责，探索有效可行的知识产权管理体制机制。按照推进综合执法的要求，减少层次，提高效率，有效避免多层次多头执法。按照实行严格的知识产权保护的要求，结合综合行政执法体制改革，整合优化执法资源，统筹知识产权综合行政执法，避免出现版权执法的重复交叉。加强知识产权工作领导协调机制以及商标战略实施、软件正版化等工作机制建设，做好与知识产权司法工作特别是知识产权法院的衔接。

（二）构建便民利民的知识产权公共服务体系。坚持法定职责必须为、法无授权不可为的原则，大力推行知识产权权力清单、责任清单、负面清单制度，并实行动态管理。加大知识产权领域简政放权力度，强化依法行政，坚持放管结合，合理减少审批和管理事项。放宽专利代理机构准入条件限制，加强知识产权服务机构事中事后监管，完善执业信息披露制度。整合知识产权公共服务资源，优化知识产权公共服务供给，实现知识产权信息等各类服务的便利化、集约化、高效化。加强统筹规划和行业管理，完善知识产权交易市场。加强知识产权维权援助服务，完善知识产权维权援助机制，构建体系完备、运转高效的知识产权维权援助网络。

（三）提升综合运用知识产权促进创新驱动发展的能力。探索支撑创新发展的知识产权运行机制，构建促进市场主体创新发展的知识产权服务体系。建立健全知识产权评议、专利导航机制，完善知识产权风险预警体系，提升区域创新发展决策水平。统筹制定实施知识产权密集型产业促进政策，培育知识产权密集型产业成为新的经济增长点。指导市场主体综合运用专利、商标和版权组合策略，全方位、立体化地保护产品、技术、工业设计等的知识产权。引导市场主体综合运营知识产权，促进知识产权领域军民融合发展，加快药品等领域过期专利技术的有效应用，提升知识产权价值，加速知识产权转化运用。

三、组织实施

（一）加强组织领导。国家知识产权局要牵头会同工商总局、新闻出版广电总局（国家版权局）等部门加强对知识产权综合管理改革试点工作的指导，统筹协调改革试点中的重大政策问题。各试点地方要建立由政府主要领导负责的协调推进机制，将知识产权综合管理改革试点工作纳入重点改革任务，因地制宜研究制定改革试点具体实施方案，积极推进落实改革试点任务。各试点地方具体实施方案应于试点地方确定后两个月内印发实施。

（二）强化政策保障。针对改革试点任务部署和需求，各有关部门要积极研究制定支持改革试点的政策措施。各试点地方政府要按照改革任务要求，研究制定配套政策措施，做好与有关部门的衔接和协调，形成工作合力。

（三）做好评估推广。国家知识产权局要会同工商总局、新闻出版广电总局（国家版权局）等部门做好试点地方改革推进的督促检查和考核评估工作。根据改革试点评估情况，对取得实质效果和成功经验的改革举措，及时提出推广建议，报国务院批准后在更大范围推广。

各有关部门和地方要按照本方案精神，统一思想，密切配合，强化全局和责任意识，勇于创新，主动改革，积极作为，抓好落实，确保改革试点工作取得实效。要及时总结、宣传改革试点进展和成效，加强试点地方工作交流，强化舆论引导，营造有利于知识产权综合管理改革的良好社会环境。

上海市人民政府关于印发《上海知识产权战略纲要（2011—2020年）》的通知

沪府发〔2012〕66号

各区、县人民政府，市政府各委、办、局：

现将《上海知识产权战略纲要（2011—2020年）》印发给你们，请认真贯彻执行。

上海市人民政府
二〇一二年七月十日

上海知识产权战略纲要（2011—2020年）

为深入实施《国家知识产权战略纲要》，进一步提升上海知识产权创造、运用、保护和管理能力，充分发挥知识产权在加快实现"四个率先"、加快建设"四个中心"，建设创新型城市和社会主义现代化国际大都市中的支撑保障作用，制定本纲要。

一、基本情况

2004年，上海在全国率先出台了《上海知识产权战略纲要（2004—2010年）》。通过多年的努力，该战略纲要的主要指标全面实现，主要表现在：上海在科学管理、公共服务、人才培养等方面不断创新，法规政策体系不断完善，保护环境不断优化，上海世博会知识产权保护有力，知识产权促进经济社会发展作用明显增强，全社会知识产权意识普遍提高，知识产权事业进入了快速发展的轨道。

上海专利申请量从2004年的20471件，增加到2010年的71196件，年均增长24%；专利授权量从2004年的10625件，增加到2010年的 48215 件，年均增长 30%；每百万人口发明专利授权量达到 299 件；有效注册商标总量达到 21 万件；版权产业增加值达到 1540.20 亿元人民币，占当年上海 GDP 的 10.24%；集成电路布图设计、植物新品种等其他知识产权申请量持续增长。

《上海知识产权战略纲要（2004—2010 年）》主要指标实现情况

序号	指标名称	2004 年	战略目标（2010 年）	实现情况（2010 年）
1	专利申请量	20471 件	与本市 GDP 同步增长	申请量 71196 件，年均增长 24%，快于本市 GDP 增长
2	专利授权量	10625 件	与本市 GDP 同步增长	授权量 48215 件，年均增长 30%，快于本市 GDP 增长
3	每百万人口发明专利授权量	125 件	150 件	299 件
4	有效注册商标量	87886 件	15 万件	21 万件
5	每百万人口拥有注册商标量	5045 件	8000 件	9130 件
6	版权产业增加值占国内生产总值的比重	8.29%	国内领先	2004 年至 2009 年，版权产业的增加值从 669.51 亿元人民币上升到 1540.20 亿元人民币，占当年上海 GDP 的比重从 8.29% 上升到 10.24%

续表

序号	指标名称	2004年	战略目标（2010年）	实现情况（2010年）
7	版权产业产品与服务的出口	294.37亿美元	国内领先	2004年至2009年，上海口岸版权产业相关的海关商品出口额从294.37亿美元上升到428.75亿美元，年均增长速度为7.81%；核心版权产业相关的服务贸易出口额从14.61亿美元上升到48.88亿美元，年均增长速度为27.32%
8	集成电路布图设计登记量	47件	国内领先	总量达905件
9	植物新品种权申请量	5件	大幅提高	总量达95件

上海知识产权事业虽然取得了重要发展，但与加快实现"四个率先"、建设"四个中心"的要求相比还存在一定距离，突出表现在：创新活力不足，关键产业和核心领域拥有知识产权数量少；企业掌握和运用知识产权的能力不强；中介机构的服务水平尚需提升，公共服务体系需要进一步健全；管理体制机制需要进一步突破和创新，社会公众知识产权意识有待进一步增强。

当前，上海正处于"创新驱动、转型发展"的关键时期，做好知识产权工作已经成为新一轮发展中抢占科技发展制高点、参与国际竞争的关键。为此，要紧紧抓住新科技革命和全球产业变革步伐加快的机遇，紧紧抓住长三角世界级城市群加快形成、上海改革开放先行先试和后世博的机遇，实施新一轮地方知识产权战略，全面推进创新型城市和社会主义现代化国际大都市的建设。

二、指导思想和战略目标

（一）指导思想

以邓小平理论和"三个代表"重要思想为指导，深入贯彻落实科学发展观，坚持"激励创造、有效运用、依法保护、科学管理"的方针，以建设亚洲太平洋地区知识产权中心为目标，以战略性新兴产业、文化创意产业为重点，以培育、服务企业为基础，聚焦知识产权的质量，促进知识产权的转化运用，加强知识产权保护，建立健全科学合理、富有活力、更有效率的创新体系，激发全社会创造活力，实现创新发展，为上海建设"四个中心"、实现"四个率先"，建设社会主义现代化国际大都市提供有力支撑。

（二）战略目标

总体目标：到2020年，力争把上海建设成为"创新要素集聚、保护制度完备、服务体系健全、高端人才汇聚"的亚洲太平洋地区知识产权中心。

分类目标：

——专利：2015年，每百万人口发明专利授权量达到600件，到2020年，在2015年的基础上增长50%左右；2015年，每万人口发明专利拥有量达到30件，到2020年，在2015年的基础上翻一番；PCT国际专利申请量和工业品外观设计国际注册量大幅增长；掌握战略性新兴产业等领域的一批核心专利技术。

——商标：2015年，国内有效注册商标总量达到30万件，到2020年，在2015年的基础上增长30%左右；2015年，中国驰名商标和上海市著名商标分别达到150件和1500件，到2020年，在2015年的基础上增长30%左右；商标马德里国际注册量持续增长。

——版权：2015年，一般作品（除软件）著作权年登记量达到5万件，到2020年，在2015年的基础上翻一番；2015年，软件著作权年登记量达到1.2万件，到2020年，在2015年的基础上增加50%左右；到2020年，版权产业增加值占当年上海GDP的比重有大幅提升，并继续保持国内领先地位。

——其他知识产权：集成电路布图设计登记量继续保持全国领先地位，有力支撑软件产业和集成电路产业健康发展；创新育种机制，形成一批具有市场竞争力的植物新品种；引导企业商业秘密规范化管理，重点推进高新技术企业建立内部管理制度；加强对地理标志、传统知识、遗传资源、民间文艺的保护与开发。

《上海知识产权战略纲要（2011—2020年）》主要指标

指标名称		到2015年	到2020年
专利	每百万人口发明专利授权量	600件	在2015年基础上增长50%
	每万人口国内发明专利拥有量	30件	在2015年基础上翻一番
	PCT国际专利申请量	—	大幅增长
	工业品外观设计国际注册量	—	大幅增长
	战略性新兴产业	—	掌握一批核心专利技术
商标	国内有效注册商标量	30万件	40万件
	中国驰名商标数量	150件	200件
	上海市著名商标数量	1500件	2000件
	商标马德里国际注册量	—	持续增长
版权	一般作品（除软件）著作权年登记量	50000件	在2015年的基础上翻一番
	软件著作权年登记量	12000件	在2015年的基础上增长50%左右
	版权产业增加值占本市GDP的比重	明显提高	大幅提升

三、战略重点

（一）激发创新活力

强化企业技术创新主体地位，大幅提升关键产业和核心领域的知识产权拥有量和国际知识产权的拥有量，切实提升企业的知识产权竞争力和自主创新能力；重点加强战略性新兴产业、文化创意产业等重点产业的自主创新能力，开展重大经济科技活动的知识产权评议或审议；推进园区知识产权工作，探索和完善知识产权工作机制，扩大、增强园区知识产权集聚效应和辐射作用。

（二）促进转化运用

创新知识产权转移转化形式，充分发挥知识产权在服务经济转型发展中的作用；大力开发和运营知识产权资源，以市场需求和社会民生为导向，加强各类知识产权的实施和转化；促进知识产权产业化、商用化，推进知识产权价值实现。

（三）完善服务体系

加强知识产权信息、交易、投融资公共服务平台建设，提高知识产权公共服务能力；大力发展知识产权服务业，围绕知识产权的创造、运用、保护和管理，形成完善的知识产权市场服务体系；完善知识产权投融资政策，鼓励开展与知识产权有关的金融产品创新，推进知识产权与金融服务业和高技术服务业深度融合。

（四）优化保护环境

弘扬"尊重知识、崇尚创新、诚信守法"的知识产权文化理念，加强知识产权司法和行政保护，降低知识产权维权成本，形成多元化的知识产权纠纷解决机制，积极探索建立知识产权保护长效机制，不断提高全社会的知识产权意识，营造良好的保护环境。

四、主要措施

(一) 提升知识产权创造和管理能力

1. 大幅提升国际知识产权的拥有量。支持企业加快全球市场的知识产权布局，在 PCT 国际专利、工业品外观设计国际注册、商标马德里国际注册等申请数量上有较大突破；鼓励有实力的企业"走出去"，在境外建立地区总部、营销网络和研发中心，积极推动"上海制造"和"上海创造"进入国际市场，参与国际竞争。

2. 推进重点产业知识产权工作。聚焦国家战略和需求导向，加强重点领域、重点产业前瞻性布局，加强政策聚焦，大力推进战略性新兴产业、文化创意产业等重点产业的知识产权工作。围绕战略性新兴产业，开展专利战略、预警分析和知识产权评议或审议，建立知识产权统计制度，鼓励企业建立知识产权联盟，集中力量，在大型客机、极大规模集成电路制造装备及成套工艺等领域，突破一批关键核心技术，掌握一批知识产权；着力营造和优化文化创意产业发展的制度环境，打造知名文化品牌，重点扶持一批创新能力强、拥有核心技术和知识产权的文化科技企业、中小文化创意企业。

3. 推进园区知识产权工作。建立健全张江国家自主创新示范区知识产权管理机制，支持示范区内企业完善知识产权作价入股和参与分配等产权激励制度；支持国家创新型试点城区、国家知识产权示范园区等国家级重点园区的知识产权工作，提升园区在知识产权创造、运用、保护、管理方面的引领和辐射作用。到 2020 年，建成一批知识产权示范园区。

4. 推进企事业单位知识产权工作。发挥企事业单位在知识产权工作中的重要作用，将知识产权战略融入企事业单位发展，在研发、生产、销售、进出口等环节，提高企事业单位运用知识产权制度的能力，鼓励企事业单位积极探索、建立维权体系，强化知识产权保护；推行企事业单位知识产权管理标准，研究制定《上海企事业单位知识产权管理工作规范》；实施中小企业知识产权战略推进工程，以科技型及文化类中小企业为重点，促进中小微企业形成知识产权竞争优势；制定和完善知识产权优势企业和专利工作试点、示范企业管理办法，不断扩大优势、示范企业的带动作用。到2020年，培育一大批国际竞争力强、具有较强产业影响力的知识产权优势企业、专利工作示范企业、商标战略实施示范企业、版权示范单位。

（二）鼓励和促进知识产权转化运用

5. 推进产学研用结合。以提高自主创新能力为核心，以促进科技与经济社会发展紧密结合为重点，加快建立企业主导产业技术研发创新的体制机制，瞄准有重大应用前景的领域，构建产学研用相结合的知识产权创造和运营体系；支持组建产学研用联盟，鼓励高校、科研院所与企业对接，通过转让、许可等多种方式促进知识产权产业化、商用化；实施专利孵化促进计划，着力培育一批致力于推动科研成果向满足市场需求的成熟技术转化的中小科技研发型企业，实现产学研用合作的良性循环；创新和完善股权激励、分红奖励等多种形式的知识产权利益分配和共享机制，充分调动知识产权创造和转化实施人员的积极性，提高知识产权的转化实施率。积极推动专利技术转化形成国际标准、国家标准、行业标准和地方标准，加大推进高新技术标准化示范试点力度，促进本市产业结构优化升级。

6. 推进知识产权价值实现。建立知识产权技术、商业、政策综合评估体系，扶持和规范知识产权资产评估机构发展；完善知识产权投融资扶持政策，支持知识产权质押、出资入股、融资担保，探索知识产权拍卖、保险、证券化等多种金融创新形式；以专利技术展示交易中心、版权交易中心及各类产权交易中心为载体，联合金融机构，搭建知识产权投融资服务平台；支持上海市国际技术进出口促进中心的建设，促进知识产权产业化、商用化。

7. 大力发展知识产权服务业。满足各类创新主体的需求，进一步培育知识产权服务市场，创新并完善知识产权服务模式，积极研究制定知识产权服务业规范，开展知识产权服务相关领域标准化示范试点建设；加快发展知识产权法律、咨询、代理、评估、交易、托管、司法鉴定等知识产权服务业；鼓励和支持知识产权服务机构积极参与战略性新兴产业、文化创意产业等领域的知识产权服务；着力培育一批熟悉国际规则、具备实务操作能力和较强竞争力的高端国际知识产权服务机构。

8. 建设国际知识产权交易中心。鼓励和促进知识产权作为生产要素参与分配和交易，加快培育、壮大知识产权交易市场，以文化产权、技术产权交易为重点，建设服务功能和辐射能力强、具有国际影响力的知识产权交易中心，为知识产权确权评估、挂牌上市、转让报价、交易鉴证、结算清算、托管登记、项目融资、项目推介、政策咨询等提供服务，促进战略性新兴产业、文化创意产业等重点产业的知识产权转化运用。

9. 实施知识产权惠民计划。加快新一代信息技术领域知识产权的实施运用，推进"智慧城市"建设和"数字惠民"工程；促进农业、卫生、交通、能源等公共领域知识产权的产业化和商用化，提供健康环保的农产品、降低公众医疗成本、便捷交通出行、促进节能减排；推动地理标志、传统知识、遗传资源、民间文艺等知识产权成为文化大发展大繁荣的重要资源，不断丰富满足人民群众需要的优秀文化产品。

（三）优化知识产权保护环境

10. 完善知识产权法规政策体系。按照法定程序，完善知识产权地方性法规、政府规章和政策措施，研究修订《上海市专利保护条例》和《上海市专利资助办法》，制定并实施《上海市著名商标认定与保护办法》，研究制定有关加强战略性新兴产业知识产权工作、支持企业自主品牌建设以及中华老字号企业发展、加强传统医药知识产权保护与管理等政策；在产业发展、科技进步、商务贸易、文化创意、人才教育等政策措施中，强化知识产权保护，推进知识产权服务经济社会发展。

11. 加强知识产权司法保护。发挥司法保护知识产权的主导作用，依法加大司法保护力度，降低维权成本，提高侵权代价，不断提升审判质效；完善知识产权司法保护机制，深化知识产权民事、行政、刑事案件综合审判机制改革；加强行政保护与司法保护的衔接；完善以技术专家库、技术咨询人、专家陪审员等为载体的技术事实查明机制；加强知识产权法官队伍建设，培养一批专家型知识产权法官；加大对恶意侵权、群体性侵权、反复侵权等行为的惩处力度；依法有效防止知识产权滥用；完善知识产权司法公开机制，提升知识产权司法保护的权威性和影响力。

12. 加强知识产权行政保护。深入开展打击侵犯知识产权和制售假冒伪劣商品工作，加大对生产、销售、进出口等环节知识产权侵权违法行为的监管力度，积极探索建立知识产权保护长效机制；加强网络、展会、专业市场等重点领域以及黄浦江两岸、临港地区、世博园区、虹桥商务区、上海国际旅游度假区等重点区域的知识产权保护；建立知识产权举报投诉奖励机制，将企业知识产权侵权违法记录纳入社会信用联合征信系统；加强知识产权行政执法能力建设，改善知识产权执法条件；巩固政府机关使用正版软件工作成果，推进企事业单位软件正版化工作；继续以浦东综合配套改革试点为契机，探索专利、商标、版权等知识产权综合执法模式。

13. 建立知识产权纠纷多元解决机制。充分发挥各类行业协会、调解中心、知识产权中介服务等机构协调解决相关知识产权纠纷的作用，鼓励建立知识产权保护民间救济与行业自律机制；加强知识产权仲裁机构建设，发挥仲裁在解决知识产权纠纷中的优势和作用；完善知识产权维权援助机制，探索建立企业海外知识产权维权援助中心，加强对企业海外维权的行政指导与维权援助。

14. 加强知识产权文化建设。在全社会弘扬"以创新为荣、剽窃为耻，以诚实守信为荣、假冒欺骗为耻"的道德观念，形成尊重知识、崇尚创新、诚信守法的知识产权文化；建立政府主导、新闻媒体支撑、社会公众参与的知识产权宣传工作体系；广泛开展知识产权普及教育，在普法教育、科普宣传、诚信建设、精神文明建设等活动中，增加有关知识产权的内容；推进中小学知识产权教育课程体系建设，引导青少年树立知识产权文化理念；加强知识产权志愿者队伍建设；定期对在知识产权创造、运用、保护、管理等方面做出杰出贡献的单位和个人给予表彰。

（四）加强行政管理和服务能力建设

15. 推进知识产权行政管理体制创新。完善知识产权联席会议制度，加快探索知识产权行政管理体制创新，建立健全与知识产权战略相适应的行政管理体制；集聚市、区县两级优势资源，探索形成"协同合作、特色鲜明、配套补位"的联动工作模式；支持浦东"先行先试"，积极推动浦东新区、张江国家自主创新示范区知识产权管理体制创新。

16. 推进国际知识产权资源集聚。在国家相关部门的指导下，加强与世界知识产权组织（WIPO）等国际组织的交流与合作，争取更多的国际组织分支机构和重大项目落户上海，使上海成为未来亚洲太平洋地区知识产权申请的审查地、知识产权纠纷仲裁与诉讼的首选地之一。

17. 推进国家知识产权资源集聚。不断加强上海与国家专利、商标、版权等知识产权主管部门的部市合作机制，争取更多的国家知识产权重大项目落户上海，使上海更好地服务长三角地区、服务长江流域、服务全国。

18. 加强知识产权公共服务。完善知识产权信息公共服务平台，加大知识产权文献信息传播与利用力度；加快建设国家知识产权局区域专利信息服务中心；逐步搭建商标公共服务平台，推动上海成为全国商标（品牌）运作中心；建设集版权登记公告、交易信息发布、政策咨询等功能为一体的综合服务平台，推进文化版权交易中心建设。

（五）加快知识产权人才培养

19. 加强知识产权高端人才培养。依托高等院校知识产权学院、研究中心、研究机构集中的优势，集聚一批国内外专家和高端人才，建设具有国际一流水准的知识产权学院和知识产权研究中心；充分利用各类国际资源和海外优质教育资源，实施知识产权人才海外培养计划，加强与国际组织的沟通与联系，推动与欧美等发达国家、港澳台地区知识产权机构的交流与合作。

20. 加强知识产权实务人才培养。加强知识产权代理、信息检索和战略分析、价值分析、投融资、司法鉴定、法律服务等实务人才队伍建设，加大专利代理行业、专利信息利用领军人才的培育力度；开展企业负责人和高级管理人员知识产权能力建设专项培训，提升战略性新兴产业、文化创意产业领域创新人才的创新能力；继续推进专业技术人员知识产权公需科目、企业专利工作者、专利管理工程师等培训活动，推进企事业单位知识产权实务人才的经验交流和继续教育。到2020年，基本形成数量足、素质高、结构合理，与上海经济社会发展需要相适应的知识产权实务人才梯队。

21. 加强知识产权人才工作基础建设。建设开放、互动、高效的知识产权人才库和专业人才信息网络平台；支持国家相关部门在上海建立的知识产权研究、培训基地发展，深入建设市级知识产权培训基地；加强教学研究，开展知识产权培训课程体系建设，开发特色课程和教材；加强知识产权师资队伍建设；推进高校知识产权学院和研究中心专业化、特色化建设，加强知识产权管理、法律等方向的学历教育和继续教育；推进高校与政府、企事业单位等建立联合培养、实习、实践基地，整合各方优势资源，全面提升专业人才的综合素养。

五、实施保障

（一）加强组织领导

充分发挥市知识产权联席会议的作用，加强战略实施的统筹协调，分步有序推进战略目标的实现。各级政府部门完善实施知识产权战略的领导和工作机制，围绕战略目标，制定年度工作计划，确定年度工作重点，确保各项工作落到实处。

（二）完善推进机制

充分调动社会各方的积极性，形成政府部门、市场主体、行业协会、社会团体及全体市民广泛参与的知识产权战略推进机制；在加强政府宏观管理和引导的同时，鼓励社会资源、社会力量参与和开展知识产权创造、运用、保护、管理和服务的探索与实践。

(三) 增加资金投入

各级政府要加大对知识产权工作的投入，各部门将知识产权战略实施工作经费、知识产权发展与保护等经费列入政府预算；推动科技、教育、文化、产业、贸易等各方面的专项资金支持知识产权事业发展，综合运用财税、投融资等相关政策，形成政府引导、企业主导、社会参与的多元化、多渠道的资金投入体系。

(四) 开展检查评估

进一步完善战略实施考核评估体系，将每百万人口发明专利授权量、每万人口发明专利拥有量等知识产权指标列为区县政府工作考核内容之一，对战略目标和主要措施的落实情况进行跟踪分析；加强本纲要实施情况的监督指导，组织有关部门、专家学者进行检查和评估，并主动接受人大、政协及社会各方的监督；根据本市社会经济发展实际，适时调整战略目标和措施。

 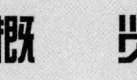 

概览

浦东新区知识产权综合管理改革总结

（2015年1月—2017年12月）

改革是发展的强大动力，也是创新的不竭源泉。2014年，按照市委市政府的重大决策部署，浦东对接国际惯例，探索开展知识产权综合管理改革试点。2015年1月1日，全国第一家专利、商标、版权"三合一"独立的知识产权局在浦东正式运行，开启了上海知识产权事业的新篇章。

三年来，浦东在国家、上海知识产权相关部门的指导支持下，致力于探索建设**专业型**、**整体性**的政府机构，致力于探索创新**集约**、**高效**的行政管理模式，致力于促进形成**严保护**、**大保护**、**快保护**、**同保护**的工作格局，致力于打造构建**综合**、**有效**的价值实现体系。基本形成了权界清晰、分工合理、责权一致、运转高效、法治保障的知识产权体制机制。基本实现了知识产权行政管理更加顺畅、执法保护体系更加高效、知识产权市场监管和公共服务水平明显提升的改革初衷。

实践证明，浦东知识产权综合管理改革的路径是正确的，极大地促进了知识产权的创造质量、运用效益、保护效果、管理能力和服务水平。**保护方面**，改革以来❶，接待各类知识产权投诉举报超过840起，都得到了较好的处置，知识产权社会满意度进一步提高。2017年知识产权立案数同比增长70.21%，结案数同比增长87.5%；通过多元调解工作体系成功化解知识产权纠纷179件，同比增长214.03%。**创造方面**，改革以来，全区累计专利申请突破8.59万件，其中发明专利申请达到4.1万件；累计专利授权突破4.76万件，其中发明专利授权达

---

❶ 改革以来是指2015年1月至2017年12月，下同。

到 1.67 万件；累计商标申请突破 16 万件，累计商标注册量突破 9 万件。2017 年全区新增专利申请 3.34 万件，同比增长 11.61%，其中发明超过 1.54 万件，占总量的 46.12%，占全市比重达到 28.21%；全区专利授权 1.88 万件，同比增长 20.89%，其中发明 6188 件，占总量的 33%，占全市比重达到 29.8%；新增作品著作权登记总量超过 14.9 万件；新增有效注册商标 3.6 万件。**运用方面**，先后推出了全国首张知识产权金融卡、全国首个投贷联动基金、全国首批知识产权综合保险，设立了面向国际的知识产权交易中心和一批知识产权专业化运营平台。

实践证明，浦东知识产权综合管理改革的模式能充分有效地发挥知识产权制度支撑创新驱动发展的基础保障作用。三年来，国际投资者、企业界和各国政府部门对浦东知识产权管理和保护水平的信任有了极大的提升，一批国内外知识产权服务机构、社团组织以及各类知识产权密集型企业向浦东集聚，一批知识产权高端人才向浦东企业汇聚。知识产权综合管理改革所释放出来的一系列优势，切实为建设具有全球影响力的科创中心和高度开放的自贸试验区提供了强有力的支撑。

一、建设集监管、服务于一体的专业型、整体性政府机构，形成高效的知识产权综合管理体制

新组建的浦东新区知识产权局，一方面整合了区级层面的专利、商标职能，另一方面承接了市级部门委托的专利行政管理和执法职能以及版权行政管理职能，同时，还增加了版权的行政执法职能，成为集专利、商标、版权于一身，兼具行政管理与执法职能的独立的知识产权局，实现了区域知识产权管理和执法体制由**分散**、**单一**向**综合**、**整体**转变。

浦东探索知识产权综合管理改革并不是简单将专利、商标、版权进行归并整理，而是在充分考虑专利、商标、版权专业特性的基础上，从发挥它们的整体作用出发，按照创造、运用、保护、管理和服务各环节要素进行重新架构，科学划分内设机构。按照上述改革理念，浦

东新区知识产权局内设保护处、管理处、促进处。保护处主要推动知识产权保护工作体系建设，处理专利、商标、版权纠纷案件，探索建立知识产权纠纷多元解决机制；管理处主要负责专利、商标、版权的行政管理工作，开展行政审批制度改革，加强知识产权事中事后监管，制订和落实知识产权政策，提供知识产权公共服务产品，开展知识产权宣传培训等；促进处主要探索知识产权价值实现新机制，推动知识产权交易服务体系建设，培育知识产权优势企业等。

三年来的实践证明，对专利、商标、版权进行综合管理，有效破解了原来"九龙治水"的多头监管和服务困局，有利于政府整合组织功能与工作机制，协调工作目标与专业资源，适应经济社会发展对知识产权公共管理、公共服务的新需求。比如，2015年推出的知识产权金融卡项目，以及2016年推出的知识产权综合保险项目，都是知识产权局发挥专业和整体优势，结合企业实际需求，在原有专利质押融资、专利保险的基础上，扩展到专利、商标、版权领域，帮助企业综合实现知识产权价值的新举措。

2017年，为贯彻党中央、国务院关于严格知识产权保护的决策部署，落实上海自贸试验区和科创中心建设两大国家战略对知识产权工作提出的新要求，启动中国（浦东）知识产权保护中心建设，全力打造一个集快速审查、快速确权、快速维权、高效运营于一体的国家级知识产权功能性平台。实践表明，通过这一平台可实现发明专利授权周期由原来的3年缩短至3个月。

二、探索集约、高效的行政管理模式，构建便民利民的知识产权公共服务体系

按照"放管服"改革的总体要求，推行清单管理制度，探索构建知识产权领域事中事后监管体系，提升管理的便民利民效果。

（一）推行清单管理制度。坚持法定职责必须为、法无授权不可为的原则，先后三轮集中开展了权力和责任清单梳理，厘清了什么该管、什么不该管，什么必须管好、管住。经梳理，目前浦东新区知识产权

局由法律、法规、规章以及各类规范性文件设定的权力事项75项，责任事项9大类。此外，为进一步加强迪士尼知识产权保护，从行政执法的法律适用原则出发，梳理出了知识产权行政管理部门职责范围内的行政执法清单，共7种类型、10种行为，有效保障了迪士尼乐园顺利运行。

（二）探索基础平台建设。借助信息技术手段和科技装备，建设知识产权综合管理、综合运用和综合保护平台，打通专利、商标、版权基础数据获取渠道，将专利、商标、版权信息记于法人主体名下，形成区域知识产权分布地图，促进知识产权综合管理和综合执法；归集整理专利申请、商标注册、版权登记等知识产权基本服务事项，做到一次告知、综合解答，实现了知识产权公共服务便利化、集约化和高效化；完善知识产权政策内容，形成由过去以专利为主扩展为涵盖专利、商标、版权的综合性政策体系。

（三）构建知识产权领域事中事后监管体系。探索形成了双告知、双反馈、双跟踪、双随机、双评估、双公示"六个双"监管闭环，将专利使用行为、商标代理行为等六个工作事项纳入其中。建立了知识产权领域信用信息和细化标准，将贯彻《企业知识产权管理规范》国家标准信息、知识产权行政处罚信息纳入企业信用等级评估标准体系，在知识产权领域实现了"一处失信、处处受限"。先后开展了5次"双随机"集中抽查行动，检查企业超过7000家次，过程中，坚持综合与专业相结合、线上与线下相结合、监管与服务相结合，充分印证了实行"专业+综合"监管的必要性和优越性。

（四）探索由"粗放式"向"精细化"转变。改变传统的服务方式，变"被动等待"为"主动服务"，针对不同类别企业对知识产权的需求，根据这些特定需求开展分类指导和服务。比如，通过知识产权信息与资助信息的匹配，主动向服务企业发出提示预告。再比如，通过知识产权信息与法人库信息结合，精准找到符合政策条件的企业，有侧重地组织政策宣讲。

三、整合优化保护资源，形成"四轮驱动"的严保护、大保护、快保护、同保护工作格局

充分发挥司法保护主导作用，加强行政保护、司法保护的协作联动，探索建立调解、仲裁等纠纷解决模式，鼓励各类主体参与知识产权监管，形成行政保护、司法保护、仲裁调解、社会监督"四轮驱动"的知识产权保护工作格局。

(一) 建立健全知识产权保护协作联动机制。与上海知识产权法院、浦东新区检察院、浦东新区法院建立知识产权行政保护与司法保护高效衔接机制，签署战略合作协议，设立"全国审判业务专家丁文联法官工作室"、"吴菊平检察官办公室"；与公安部门实现知识产权行政执法与刑事侦查无缝衔接，形成"线索共享、手段互补、执法联动"的行刑协作机制；与市场监管部门在商标及相关权利的保护方面建立工作机制，实现举报、投诉、处理及日常检查执法信息的互联互通、执法联勤联动。此外，与上海市知识产权局、上海市文化执法总队等市级对口部门，建立信息共享和执法联动机制，实行举报、投诉处理及日常检查执法的协作联动。各项工作机制的建立，进一步完善了区域知识产权统筹协调机制，形成了强大的区域知识产权保护合力。例如，2017年8月，针对涉嫌假冒新西兰"ZESPRI（佳沛）"水果的侵权行为，联合区公安部门和区检察院通过行刑衔接联合执法，连续捣毁9处销售假冒进口水果、假冒注册商标标识窝点，抓获犯罪嫌疑人18名，查获假冒注册商标标识200余万件，新西兰驻上海总领事馆总领事 Mrs. Gergana Germanova（葛甘楠）代表本国企业送来锦旗。

(二) 加强知识产权行政保护。探索建立了知识产权侵权查处快速反应机制，实现知识产权侵权纠纷快速处理和违法行为快速查处；完善案件投诉举报受理处理流程和操作机制，形成统一、规范的专利、商标、版权侵权投诉举报受理指南和操作指南，规范受理流程、受理要求、内部流转程序；聚焦迪士尼等重点区域，加大对知识产权侵权行为的打击力度。三年来，办结了一批有影响力的案件。例如，2017

年 4 月，成功办结上海家昌旅游文化公司侵犯知识产权案（迪士尼维尼熊案），实现了一张处罚决定书适用两部单行法同时惩处两种侵权行为（商标权、著作权），打破专利、商标、版权行政执法之间的"隔墙"，提升了知识产权综合行政保护效能。

（三）构建知识产权纠纷多元解决机制。推动建立了人民调解、商事调解、行业调解、行政调解等知识产权纠纷多元调解工作体系。**人民调解方面**，推动建立"浦东新区知识产权纠纷人民调解委员会"，作为浦东开展知识产权专业领域纠纷人民调解工作的主体，与浦东新区专业人民调解中心、浦东法院诉调中心以及浦东知识产权公众诉求平台等相关部门对接。设立了知识产权纠纷人民调解工作室，建立了一支由知识产权代理人、知识产权律师、法官、高校知识产权专家等组成的人民调解员队伍。目前，知识产权纠纷人民调解的社会影响力不断扩展，纠纷双方的接受程度逐步提高，人民调解已经成为浦东化解知识产权纠纷的重要补充。改革以来，通过人民调解成功化解各类知识产权纠纷超过 260 件，其中不乏社会关注度高、标的额大的案件。比如，成功通过人民调解方式化解 iFit! 商标纠纷，实现了 iFit! 商标在当事双方之间的转让，金额高达 90 万元。再比如，通过人民调解方式实现 1 天内化解 6 件涉及迪士尼商标侵权案件，得到了迪士尼知识产权权利人的充分肯定。**商事调解方面**，在自贸试验区引入相关商事调解组织、行业协会，建立自贸试验区商事纠纷特邀调解组织名册，建立司法与非诉讼纠纷解决的对接平台。目前已有上海市经贸商事调解中心、中国国际商会上海市调解中心、上海市文化创意产业法律服务平台知识产权调解中心等调解机构入驻自贸区。

（四）构建知识产权保护社会参与机制。依托街镇、开发区、行业协会、企业等建立了知识产权保护基层网络，形成社会参与机制，构建了较为完善的知识产权保护工作体系；组建了街镇、开发区知识产权干部队伍；结合镇域经济发展特点，成立了一批镇域知识产权特色工作站；发动社会力量成立了自贸试验区知识产权协会、浦东知识产权融资促进会等专业服务组织；在知名商品市场、重点商业街区、跨国企业联合孵化平台等建立知识产权基层联动工作站，搭建密集监管、协查配合、专业服务的知识产权基层联动平台。

四、构建投贷保易服"五位一体"的价值实现体系，提升综合运用知识产权促进创新驱动发展的能力

充分发挥知识产权综合管理优势，指导市场主体综合运用专利、商标、版权的组合策略，推动建立知识产权投资、贷款、保险、交易、服务的价值实现体系，充分发挥专利、商标、版权的引领作用。

（一）推出全国首张知识产权金融卡。发动并指导商业银行、担保公司开发知识产权金融产品，推出了知识产权金融卡项目。通过对企业的专利、商标、版权及其相关无形资产组合打包，实现了无需固定资产抵押，即能获得较高授信额度的便捷融资。后续又推出知识产权增信增贷计划，开发设计出一套融保互通互认的知识产权评价体系，实现了产品标准化、业务规模化，模式可推广。自推出以来，共有269家企业通过知识产权金融卡直接融资9.2亿元。

（二）建立全国首个投贷联动基金。基金规模1.315亿元，由国有资本引导、民营资本参与共同建立，主要以贷后投、投贷额度匹配、可转债、认股权等形式，降低具有核心知识产权的企业的贷款门槛和投资门槛。投贷联动基金的设立有力地促进小微企业的知识产权价值实现。

（三）推出全国首批知识产权综合保险。与保险机构、资产评估和运营机构共同探索知识产权综合保险试点。2016年11月，发布了全国第一单知识产权综合运营险、自贸区第一单知识产权全球复合险。通过对市场主体在开拓国内外市场过程中，遇到各类知识产权纠纷（侵权、许可、交易、转让等）由保险公司负责保障风险的方式，分散和化解科技型企业的维权、创新风险。比如，上海奥普生物医药有限公司为在公司六大产品系列上使用的25件专利和在医疗检测设备上使用的商标投保，每年保费52万元人民币，获得总计100万美元的保额。在保单有效期内，企业可以大胆走出去，不用"担心"因知识产权纠

纷而造成损失，该保单是目前全国保费最高的知识产权保单；再比如，上海数字电视国家工程研究中心为10件核心专利及14份专利池运营许可协议投保，每年投保费27万元人民币，可获得最高赔偿金额50万美元的风险保障。该保单有效促进了企业专利许可实施，帮助企业获得了巨大经济利益。2017年，引进了5家保险机构和保险经纪机构，推出覆盖专利创造、运用、保护各环节保险产品12项，引导企业投保高价值专利险11份，总保额1100多万元。

（四）建立国际化的知识产权运营服务体系。依托社会资源，**设立自贸试验区知识产权综合服务平台**，充分整合国际化经营能力较强的知识产权运营机构资源，搭建服务自贸试验区企业的线上平台，鼓励线上线下互动创新，为企业提供知识产权一站式服务。引导社会资本，**建设面向国际的知识产权交易服务平台**，在自贸试验区金桥园建设实体化、综合性的交易服务平台，总面积10000平方米的大楼已经落成。发动龙头企业，**建设行业知识产权运营中心**，根据自贸试验区各片区的产业特点，发动行业龙头企业建设专业化的知识产权运营中心，目前自贸试验区张江园的智慧医疗知识产权运营中心、微电子知识产权运营中心、世博园的智能媒体网络知识产权运营中心等5家实现实体运作。

（五）健全知识产权评议、专利导航工作机制。在国家、上海市知识产权局的支持下，探索形成了"政府政策引导、企业主动实施、机构专业服务"的重大经济科技活动知识产权评议工作模式，综合绩效和工作水平位居全国前列。同时，积极推动将知识产权评议、专利导航工作融入区域重大产业规划、精准招商、重大投资项目当中，切实有效发挥了知识产权服务区域经济社会发展的重要作用。

【专家点评】

2015年1月1日，上海浦东新区正式成立专利、商标、版权"三合一"知识产权局，开启了知识产权治理体系现代化的制度创新，成为全国知识产权综合管理改革的试点样本。

浦东新区致力于建设"专业型、整体性"的政府机构，形成"集约、高效"的知识产权综合管理体制；优化治理结构的权力配置，形成司法保护、行政保护、仲裁调解、社会监督"四轮驱动"的知识产权严保护、大保护、快保护格局；同时建构了"便民利民"的知识产权公共服务体系、投贷保易服"五位一体"的知识产权价值实现体系和国际化的知识产权运营服务体系。浦东新区务实创新、践行改革，极大地促进了该地知识产权的创新质量、运用效益、保护效果、管理能力和服务水平，其方向需要肯定，经验值得推广。

实现知识产权综合管理，是国家治理体系变革的重要制度设计。2016年，习近平总书记主持中央全面深化改革领导小组会议，审议通过了开展知识产权综合改革试点总体方案。可以认为，构建一种与创新驱动发展要求相匹配、与强化政府公共服务功能相一致、与国际运行规制相接轨的知识产权综合管理改革体制，是构建知识产权制度文明的必然选择，也是推进国家治理现代化的重要举措。浦东新区以及全国其他地方的试点改革，都积累了相当经验并取得明显成效，为将来知识产权治理体系的深化改革、全面改革提供了有益的范本。

（点评人：吴汉东教授，中南财经政法大学知产权研究中心主任）

机构篇

引领综合管理改革　释放体制改革活力

——浦东新区知识产权"三合一"体制改革

一、引　子

为加快推进企业知识产权的价值实现，2015年，浦东新区率先在全国推出了"知识产权金融卡"项目，将企业的专利、商标、版权及其相关无形资产组合打包，实现了无须固定资产抵押即能获得较高额度授信的突破，有效促进了知识产权与金融产品的深度融合。

凭借着知识产权"三合一"的体制优势，"知识产权金融卡"这一金融创新项目所有的研究、论证、决策都在一个部门完成，这项缓解科技型中小企业融资难的重大举措，从酝酿到推出居然不到三个月。在知识产权"三合一"改革之前，要推出知识产权金融卡项目，需要专利、商标、版权等多个管理部门分头讨论、共同协商，要在短短三个月内出台绝非易事。

由此可见，实行知识产权综合管理，既尊重了知识产权行政管理的内在规律，切实体现了知识产权行政管理的系统性、全面性和整体性，又能释放知识产权行政管理和行政保护的体制机制活力。

二、背　景

（一）知识产权管理长期条块分割、职能分散

我国知识产权行政管理机构设置过于分散，尤其是专利、商标、版权这三大类重要知识产权的行政管理仍然呈条块分割，这种分散模式在实践中极不利于知识产权管理工作的有效开展。因为对于行政管理相对人的企业来讲，知识产权工作是不能分割的整体。更重要的是，

由于知识产权行政管理体系分散、多头管理、机构职能交叉重叠，在工作中缺少有机协调，在实践中不利于协调发展，整体推进。有时甚至出现矛盾和冲突，难以形成和提升知识产权行政管理的整体效能，运行成本高，效率低。

在地方知识产权管理层面，对知识产权工作起协调作用的，是广泛设置的知识产权联席会议，牵涉10余个甚至20余个地方行政部门，会议召开频率不大、会议留给行政管理协调的时间、空间和机会也不多。因此，这种会议式的管理模式使我国知识产权行政管理缺乏统一、权威、有机的协调机制，行政管理成本较高、效率低，有时甚至出现"三不管"区域，无法形成知识产权行政管理的整体效能。

（二）知识产权管理体制改革蓄势待发

面对国际竞争日趋激烈、国内创新蓬勃发展的新态势，2015年10月，《中共中央关于制定国民经济和社会发展第十三个五年规划的建议》明确要求"深化知识产权领域改革"。2015年12月，《国务院关于新形势下加快知识产权强国建设的若干意见》印发，提出："在有条件的地方开展知识产权综合管理改革试点"。2016年12月，习近平总书记主持召开中央全面深化改革领导小组第三十次会议，审议通过了《关于开展知识产权综合管理改革试点总体方案》。由此可见，知识产权综合管理改革是党中央、国务院对深化知识产权领域改革的重大决策部署。推动知识产权行政管理体制改革，建立与国际接轨的知识产权体系，已经成为我国建设知识产权强国的必然要求。

（三）各地知识产权综合管理积极探索

近年来，国内有关地区正在积极探索知识产权行政管理体制改革。2008年，苏州推行专利和版权综合管理模式，2014年年底，浦东新区首创专利、商标和版权集中管理模式。此外，长沙市、成都市郫都区及各自贸试验区也正在积极开展改革试点。上述地区和地方都积累了一定经验并取得明显成效，为深化知识产权行政管理改革提供了有益的范本。

尤其是浦东的改革模式，开了改革之先河。2014 年 11 月 16 日，全新的"浦东新区知识产权局"挂牌成立，相较改革之前❶虽然名称没有任何改动，但在机构设置和职能分工上却已经焕然一新（见图1）。

图1　2014 年 11 月 16 日，上海市浦东新区知识产权局揭牌

全新组建的浦东新区知识产权局一方面整合了区级层面的专利、商标职能，另一方面承接了上海市有关部门下放的专利、版权行政管

---

❶ 改革之前，浦东新区知识产权局与浦东新区科委合署办公，实行两块牌子一套班子，只有专利行政管理职能。

理和执法事权，成为我国首个集专利、商标、版权于一身，兼具行政管理与综合执法职能的知识产权局。实施这一系列改革，不仅是落实中央和上海市委市政府重大决策部署的需要，更是出于浦东自身发展转型的需求。

三、举措

（一）"知识产权"名副其实，重塑管理新格局

长期以来，"知识产权局"名不副实，名为"知识产权"，实为主管"专利"，不仅社会大众，甚至其他行政部门都对知识产权局普遍存在误解，以为商标、版权均归其管辖，导致社会大众寻求知识产权公共服务时无所适从。

改革之前，浦东新区知识产权局虽然打着"知识产权"的旗号，却束手缚脚，难以施展，有时不便越"专利"雷池一步。改革之后，浦东新区知识产权局的"知识产权"就名副其实了，不再受制于原来狭隘的"专利"管理职能，在开展政策制定、行政管理、执法保护、宣传培训等工作时，更加游刃有余。

由于机构设置原因，上海在区级层面没有专门主管版权工作的行政部门，新组建的浦东新区知识产权局，承接了上海市版权主管部门委托的部分版权行政管理事权，以及承接了区域版权行政执法事权，实现了专利、商标和版权的集中管理和综合执法。作为我国唯一一个真正意义上覆盖专利、商标和版权的"知识产权局"，塑造了我国知识产权行政管理的新格局。

（二）重新架构，科学划分内设机构

浦东探索知识产权"三合一"改革是在充分考虑专利、商标、版权专业特性的基础上，从发挥它们的整体作用出发，按照创造、运用、保护、管理和服务各环节要素进行重新架构，科学划分内设机构。目前，浦东新区知识产权局内设管理处、促进处、保护处。三个处的工作，打通了知识产权创造、运用、保护、管理、服务全链条。

管理处主要开展行政审批制度改革、推进政府职能转变、制订和

落实知识产权政策、提供知识产权公共服务产品、开展知识产权宣传培训等；促进处主要探索知识产权价值实现新机制、推动知识产权交易服务体系建设、开展知识产权优势企业培育等；保护处主要推动知识产权保护工作体系建设，履行知识产权市场监管职责，处理专利、商标、版权纠纷案件，探索知识产权纠纷多元解决机制。如在知识产权优势企业的培育方面，管理处主要以促进知识产权的创造为出发点，对于企业形成的知识产权，通过资助政策、咨询服务等给予支持和引导。保护处以保护企业知识产权不被侵犯为出发点，开展专利、商标、版权方面的行政执法和纠纷调解、维权援助等工作。促进处以推动知识产权的运用为出发点，积极探索知识产权价值实现新机制、知识产权交易服务体系建设等，并对于认定的优势企业进行资助。

（三）梳理权力、责任清单，加强自身能力建设

浦东新区按照加快政府职能转变的要求，对区域知识产权管理体制进行"三合一"改革，按照精简、统一、效能原则来设计，简化流程、明确责任、优化资源配置，强化知识产权管理部门在发展战略、规划、政策、标准等的制定和实施以及宏观调控的职责和能力，加强基层基础能力建设，构建起适应我国发展新阶段需要的知识产权行政管理体系。

根据统一部署，新的浦东新区知识产权局先后三轮集中开展了权力和责任清单梳理，明确了9大类责任事项，75个权力事项，厘清了什么该管、什么不该管、什么必须管好、管住。正如习近平总书记在十八届二中全会第二次全体会议上的要求：转变政府职能是深化行政体制改革的核心，实质上要解决的是政府应该做什么、不应该做什么，重点是政府、市场、社会的关系，即哪些事该由市场、社会、政府各自分担，哪些事应该由三者共同承担。

四、效 果

（一）知识产权工作的组织协调成本显著降低

在分散的知识产权管理模式下，导致许多可以由部门内部协调的

事项变为跨部门、多部门之间协调的事项。全新组建的浦东新区知识产权局在知识产权工作开展、制度创新等方面的组织协调成本显著降低。专利、商标、版权实行集中管理，相较改革前，在规划编制、政策设计、企业服务、执法保护等方面减少了与各相关职能部门之间的协调沟通环节，提升了政府行政管理的效能。尤其是专利、商标和版权三方面的工作在浦东新区内部职能部门之间不再存在沟通成本，各种类型的知识产权培育、管理、促进和保护工作可以齐头并进、有机融合，克服了部门割裂所带来的沟通成本问题。

（二）知识产权集中管理的效果充分显现

通过知识产权集中管理，可以实现简化办事流程、提高办事效率、节约行政资源、行政高效运转的目标，有效解决了"多头分散"管理模式下目标不尽统一、内容不尽衔接、实施不够协调等问题，充分显现了知识产权集成运用的显著效果。同时，三合一模式下的知识产权局，集中了以前分散的专利、商标和版权等知识产权公共服务资源，可以一站式对接企业的知识产权服务的需求，也降低了企业的办事成本，提升了办理效率。

（三）"三合一"体制改革的积极效应开始显现

全新组建的浦东新区知识产权局运行以来，国际投资者、企业界和各国政府部门对浦东知识产权管理和保护的模式，非常认可。先后有法国、新加坡、韩国、伊朗、以色列等国家知识产权管理部门、跨国公司来访并表达合作意向，世界知识产权组织（WIPO）与浦东建立了经常性的联系机制。例如，法国圣戈班集团在浦东知识产权局启动运行之后不久，特意前来表达祝贺和敬意，同时了解知识产权方面的政府导向，寻求合作和指导。再如，2015年10月，新加坡知识产权代表团到访浦东，就自贸试验区知识产权保护主题与浦东新区知识产权局进行了交流。他们认为，实行知识产权综合管理是符合国际惯例的，对浦东的改革模式给予支持。还有，2016年6月，美国知识产权法律协会代表团到访浦东，对浦东接轨国际惯例开展的知识产权综合管理改革表示出了浓厚的兴趣。

"三合一"改革以来，随着各项创新举措的推出，各项改革成果的落地，知识产权管理体制改革的积极效应不断显现，极大地促进了区域知识产权的创造质量、运用效益、保护效果、管理能力和服务水平。与此同时，一批国内外知识产权服务机构、社团组织、商业银行、保险公司等机构和资源向浦东集聚的现象比较显著。如美国 IdealAsset、新加坡智慧芽、韩国 WIPS 株式会社、北京中金浩等社团组织、商业银行、保险公司等进一步向浦东集聚，区域知识产权发展环境得到了有效改善，为浦东打造一流的营商环境提供了基础保障。

五、意 义

（一）标志着浦东知识产权工作进入新阶段

知识产权的分散管理，降低了行政管理效率、制约了公共服务水平、增加了企业创新成本。知识产权"三合一"改革，实现了知识产权的综合管理，提高了知识产权决策效率，拓宽了知识产权管理视野，增强了知识产权公共服务能力。

进行知识产权综合管理体制改革符合国际知识产权管理的通行惯例和发展趋势，有利于提升知识产权管理效能和执法绩效，为知识产权保护营造良好的环境。浦东新区成立"三合一"的知识产权局是浦东探索建立与国际接轨的知识产权体系，推动知识产权保护水平走在全国前列、达到世界水平，支撑上海建设具有全球影响力的科技创新中心建设的重要实践，标志着浦东知识产权工作从此进入崭新的发展阶段。

（二）引领了知识产权行政体制改革

浦东知识产权"三合一"改革，引起社会各界的广泛关注和行业专家的普遍认同。全新组建的知识产权局成立之初，数十家知名媒体广泛报道，期待新的知识产权局能够引领行政体制改革、营造良好发展环境、便利行政管理相对人、促进国际创新资源导入。

设立全新的浦东新区知识产权局是上海加快转变政府职能、深化行政体制改革的先行先试之举。知识产权局的全新组建无论对新一轮地方政府行政体制改革，还是深入推进知识产权行政管理机制改革都具有标志性意义。改革之后，先后有国家行政学院、国家知识产权局等部门就知识产权行政管理体制改革的重大课题前来调研，有北京、辽宁、广东、深圳、福建、山东、浙江、江苏、重庆、陕西、湖北、湖南、河南、天津等地知识产权代表团前来借鉴交流。

（三）发挥知识产权综合改革的示范作用

上海市浦东新区率先探索建立专利、商标、版权"三合一"的知识产权行政管理和行政执法机构，着力构建"监管和执法统一、保护和促进统一、交易和运用统一"的知识产权工作体系，切实提高了知识产权的创造、运用、保护、管理和服务水平，为下一步推进我国地方知识产权管理机构的合理设置产生了示范作用，为开展知识产权综合管理改革探索了方向、积累了经验。

（执笔人：袁真富副教授，上海大学知识产权学院副院长）

【专家点评】

2017年6月15日，世界知识产权组织发布2017全球创新指数报告。报告显示，中国创新全球排名继续攀升，从上年的第25位升至第22位，创造了新的纪录。中国是唯一进入前25名的中等收入国家，在商业成熟度和知识与技术产出方面获得高分，并在以下几个指标上表现优异：研发公司的全球分布、商业企业的研究人才、专利申请量和其他知识产权相关变量。

党的十八大以来，我国加快实施创新驱动发展战略，把创新放在国家发展全局的核心位置。而建设知识产权强国新目标的提出，把国家知识产权战略实施推向深入，有力促进了知识产权数量、质量、效率的提升。知识产权综合管理改革是国家战略层面的重大决策部署，也是我国建设知识产权强国的必然要求。

上海市浦东新区知识产权局自2015年运行以来，首创专利、商标和版权"三合一"综合管理模式，集中实施知识产权行政管理和执法职能，通过机构改革，对知识产权相关公共事务实现了一站式的专业高效管理。浦东新区的知识产权"三合一"改革，呼应了在中国创新蓬勃发展的时代背景下，包括品牌优势企业、版权优势企业、科技优势企业在内的各类市场主体对知识产权公共服务产生的立体需求，实现了集约高效的知识产权综合管理和决策样板，对于中国创新的纵深发展和知识产权强国的建设实践有着深远的改革先锋意义。

（点评人：柯晓鹏，恩智浦半导体大中华区知识产权总监、东方知识产权俱乐部创始人暨理事长）

深化知识产权综合管理改革
全力打造国家级功能性平台

——中国（浦东）知识产权保护中心成功设立

一、引子

2017年7月21日，知识产权部市合作重要项目——中国（浦东）知识产权保护中心（以下简称"浦东保护中心"）获国家知识产权局批复，面向高端装备制造产业、生物医药等产业开展知识产权快速协同保护工作。

2017年7月25日，在浦东举行了浦东保护中心揭牌仪式，上海市委常委、浦东新区区委书记、中国（上海）自由贸易试验区管委会主任翁祖亮，国家知识产权局党组成员、副局长贺化共同为浦东保护中心揭牌（见图2）。国家知识产权局专利管理司司长雷筱云宣读了《关于同意建设中国（浦东）知识产权保护中心的批复》。国家知识产权局保护协调司司长张志成，浦东新区副区长、中国（上海）自贸试验区管委会副主任王靖，以及浦东新区相关职能部门负责同志、知识产权优势企业代表参加了揭牌仪式。

浦东保护中心落地运行，开启了专利快速审查"绿色通道"，极大地缩短专利授权周期；进一步畅通了投诉渠道，建立投诉快速反应机制、多元化纠纷解决机制、优势产业线上维权机制，实现快速维权；协助查处专利、商标、版权违法行为，配合开展专项执法行动，协助实施重点领域、重点区域和重点市场的知识产权侵权查处快速反应等，实现知识产权全领域的协作保护；深化专利导航产业发展工作机制，推动知识产权与金融要素深度结合,实现知识产权高效运营。

图2　2017年7月25日,中国(浦东)知识产权保护中心揭牌

二、背　景

建设知识产权保护中心,是国家知识产权局推进知识产权强国建设、支撑供给侧结构性改革、服务自贸试验区建设等国家战略的创新举措。

浦东作为上海建设具有全球影响力的科技创新中心核心功能区,高端装备制造、生物医药等新兴产业的发展水平在全国处于领先地位,近年来,高端装备产业产值占全市的比重已经超过37%,生物医药产业产值占全市的比重超过43%。涌现出了一批像中国商飞、三生国健、微创医疗、上海微电子装备、中微半导体等承担了国家重大专项且知识产权工作示范作用明显的优秀企业。随着自贸试验区建设和科创中心建设两大国家战略的深入实施,极大地促进了浦东新兴产业的快速发展,进而对知识产权保护、运用、管理和服务等方面也提出了新的更高的需求。

为深入贯彻落实《国务院关于新形势下加快知识产权强国建设的若干意见》、《知识产权综合管理改革试点总体方案》和上海市委、市政府《关于加强知识产权运用和保护支撑科技创新中心建设的实施意见》，进一步深化浦东知识产权综合管理改革，促进知识产权工作更好地服务于自贸试验区建设与科创中心核心功能区建设，在国家知识产权局、上海市知识产权局的指导支持下，上海浦东紧扣创新发展需求，立足浦东重点发展的高端装备制造、生物医药产业，推动建设一个集快速审查、快速确权、快速维权和高效运营于一体的国家级知识产权功能性平台——中国（浦东）知识产权保护中心。

三、举 措

浦东保护中心并非平地起高楼，而是将上海市浦东新区知识产权局的直属事业单位——上海市浦东新区知识产权中心进行扩编，在满足国家知识产权局关于保护中心人员编制、场地、资金等方面要求的基础上，由国家知识产权局挂牌"中国（浦东）知识产权保护中心"，并下放相关职能。

保护中心设有以下五大核心功能：

（一）专利快速审查

受国家知识产权局委托，承担高端装备制造、生物医药等浦东重点产业领域专利申请的预审工作，与国家知识产权局专利局搭建信息快速交换平台，建立优先、专业、高效的专利审查机制。

（二）专利巡回审理

建立专利巡回审理庭，推动加快区域内专利权无效宣告案件的审理，实现专利无效案件的属地化审理；有效帮助专利权人提升撰写专利文件以及运用专利制度的能力。通过建立巡回审理庭的多媒体记录系统，增加专利权无效案件审理的透明度，确保案件处理的公正性和时效性。

（三）纠纷快速处理

在吸收国家和各地区12330热线平台经验的基础上，畅通市场主体诉求受理渠道、优化工作流程，面向全区接收有关侵犯专利权、商标权、版权等知识产权行为的举报投诉，并为权利人和社会公众提供保护知识产权方面的咨询服务。构建和完善多元化的纠纷解决机制。充分发挥调解、仲裁的比较优势，灵活高效地解决知识产权争议，打造专业化、多元化、法治化的知识产权争议解决平台。

（四）人才工作集成

依托全国第一家"国家知识产权局专利局专利审查员实践基地"——上海张江专利审查员实践基地，为审查员与企事业单位搭建一个双向互动与交流的平台。推进浦东知识产权人才培养体系建设，对区域内知识产权领域在职人员进行经常化、制度化、规范化的专业培训，培养高层次的知识产权专门人才，并面向社会开展丰富多彩的基础性、普及性培训。

（五）知识产权运营服务

建立专利导航产业发展工作机制，探索将专利布局、风险预警融入产业决策和精准招商的全过程；完善知识产权金融服务体系，鼓励中介机构和企业开展知识产权运营，利用保护中心全链条服务资源，提高知识产权运营的科学性和精准性。

四、效　果

浦东保护中心将依托浦东知识产权综合管理优势，打造全产业、全类别、全链条的国家级知识产权功能性平台，实现知识产权的快速审查（发明专利授权周期将由原来的3年缩短至3个月）、快速确权（确权周期将缩短一半）、快速维权和高效运营。

所谓全产业，是指浦东保护中心现阶段将在高端装备制造、生物医药两大重点发展的战略性新兴产业试点专利快速审查、快速确权，后续还将根据区域产业发展情况进行拓展和优化。

所谓全类别，是指浦东保护中心除了国家知识产权局授权的专利快速审查、快速确权功能外，还兼具专利、商标、版权等类别知识产权快速维权、协作保护等功能。

所谓全链条，是指浦东保护中心将进一步打通知识产权创造、运用、保护、管理和服务全链条，形成集快速审查、快速确权、快速维权、高效运营、公共服务、人才培养等功能于一体的国家级平台。

五、意 义

国家知识产权局批准设立浦东保护中心，其重要意义在于，将极大地促进浦东专利、商标、版权工作的深度融合，有利于巩固浦东知识产权综合管理改革成果，打造知识产权综合管理改革样板；将极大地提升浦东知识产权服务能级，构建完善的区域产业协同创新体系，促进重点和优势产业的快速发展，支撑上海自贸试验区建设和科创中心建设；将为国家推进知识产权领域改革提供一块"试验田"，浦东作为改革开放的前沿，理应积极主动承担国家在知识产权领域的各类创新试点，为全国探索更多可复制可推广的经验做法。

（执笔人：袁真富副教授，上海大学知识产权学院副院长）

【专家点评】

浦东新区在国家知识产权局、上海市知识产权局的大力支持下，设立了中国（浦东）知识产权保护中心，构建起了知识产权快速协同保护机制，专利授权周期大幅缩短，企业十分欢迎。

前期，配合保护中心专利快速审查职能的落实进行了模拟实践，对平台一家企业——耀灵科技（上海）有限公司的2件专利申请按照浦东保护中心运行之后专利快速审查的流程进行了模拟，通过这一快速通道两周内取得一项发明专利和一项实用新型专利授权，非常快速，这种审查速度没有任何一个国家有过。

我认为，中国（浦东）知识产权保护中心的设立，对于企业来说，意味着可以最快的速度对自己进行保护，为企业后续的估值、融资、发展有巨大的推动作用。对于上海浦东、张江、孵化平台、创业企业来讲，其显现的效果也非常突出，这将让跨国企业、海外机构、国内外优秀创新创业人才看到我国对于知识产权保护的重视，将催生更加蓬勃的创新创造创业热潮，加速更多高质量的知识产权成果的涌现，同时也更大程度地吸引全球科技创新成果选择中国实现转化。

（点评人：吴家翔，张江跨国企业联合孵化平台总经理）

资源要素叠加组合
综合管理改革彰显互补效应

——浦东新区知识产权政策举措"三合一"

一、引 子

"企业从改革中得到实惠，有获得感。"张江一家软件企业技术负责人深有感触。这家软件公司拥有有效专利165件，软件著作权600多件，注册商标23个。公司以前咨询专利申请、商标注册、版权登记等事务，至少要跑两三个地方，每个部门还有不同的要求和流程。"三合一"改革之后，凡是涉及知识产权方面的管理和投诉，只要对接知识产权局就可以，不用再一个个单位去跑，大大节约了企业的时间和精力。"这样就实现了'诉求处置一体化'，可以更快更好地维护企业和公众的合法权益。"

随着浦东新区知识产权局的运行，改革的诸多设想一步步变为现实。"原来分别由三个部门承担的职责，改由一个部门来承担，通过一个窗口解决问题，这仅仅是'三合一'改革的第一步。"上海市知识产权联席会议原秘书长、市知识产权局原局长吕国强表示，浦东知识产权"三合一"改革并非简单的归并整合，而是对涉及知识产权创造、运用、保护和管理各个环节的全部要素进行重新架构，构建"监管和执法统一、保护和促进统一、交易和运用统一"的知识产权工作体系，做到"一个部门管理、一个窗口服务、一支队伍办案"。

二、背 景

（一）知识产权行政管理缺乏统一协调

当前我国知识产权行政管理体制存在一些问题，最为典型的问题在于知识产权行政管理机构设置较多而且分散，职能部门复杂交叉。我国根据知识产权客体的分类，将知识产权的行政管理权归属于不同的行政部门。目前涉及知识产权行政管理的机构包括知识产权部门、工商部门、版权部门、文化部门、农业部门、林业部门、海关等，数量众多，错综复杂。

知识产权行政管理机构设置过于分散和不科学导致我国知识行政管理成本较高、效率较低，不同部门的行政执法力度不均衡。随着经济全球化深入发展，专利、商标、版权等各知识产权领域之间的交叉和融合程度日趋提高，但是各知识产权行政管理机构存在部门割裂，囿于自身职责和部门利益，缺乏统一协调性，难以形成知识产权工作合力，更没有统一的工作机制和法律保障。

(二) 知识产权政策各自为阵，难通有无

"三合一"改革之前，各知识产权行政管理机构往往各自为阵，互不相通，出台的政策举措只能"依法"聚焦于自己管辖的狭小范围。比如，原知识产权局偏重专利申请、运用和宣传培训，注重专利的价值利用和价值实现；而工商系统偏重商标行政执法，注重商标的法律保护。原知识产权局出台的许多政策红利，只针对专利领域，而专利较弱但商标拥有优势的企业就难以受惠。

因此，受制于专利、商标、版权等行政管理和行政保护条块分割的体制问题，传统上，专利优势企业、商标优势企业或者版权优势企业，大多各自不相往来，各自对接对口的政府主管部门，每个企业必须向不同职能主管部门递交不同申请文件，知识产权政策资源不能有效整合，知识产权政策惠及面受到限制，企业的行政管理成本相应升高。

(三) 知识产权地方公共服务资源分散

一方面，在分散型的知识产权管理体制下，不同的行政管理部门，负责专利、商标、版权等知识产权行政管理职责，当然也难以提供一体化的知识产权公共服务。各个知识产权行政管理机构各建自成一体的专利、商标或版权公共服务体系，不仅分散资源，不利于实现知识产权信息等各类服务的便利化、集约化、高效化，而且有重复浪费的问题，急需优化知识产权公共服务供给，为企业提供更加便捷的知识产权公共服务。

另一方面，在分散型的知识产权管理体制下，当然也难以建立统一的知识产权执法体系。目前各地专利、商标、版权执法队伍的人力和物力都相对不足，尤其是这三大类知识产权的行政执法队伍，还相互分离，互不相干，分散了人力物力，难以统筹行政执法与司法保护的有效衔接，难以集中处理多种知识产权复合交叉的纠纷案件。

三、举 措

（一）知识产权政策举措通盘考虑，彰显互补效应

浦东新区"三合一"知识产权局成立以来，充分发挥知识产权集中管理的优势，在政策制定、管理举措等方面，彰显了互补效应。

以知识产权金融创新为例。在浦东新区知识产权局主导下，在全国率先推出的知识产权金融卡项目，是将企业的专利、商标、版权及相关无形资产打包获得银行授信，但它既不是"专利金融卡"，也不是"商标金融卡"，突破了以前多头管理、各管一片的体制障碍。再如，以前推出的主要险种是专利执行险。新的知识产权局成立后，可以有条件探索知识产权综合保险试点，所推出的知识产权保险必定是涵盖专利、商标、版权的复合保险，进一步拓展拓宽知识产权价值实现路径。知识产权质押亦同，专利质押的经验做法，在全新组建的知识产权局成立后，顺理成章地移植到商标质押和版权质押上，将知识产权打包质押给担保公司，可以获得更大额度的贷款，提升了企业的融资能力。

2016年11月，全国第一单知识产权综合运营险、自贸区第一单知识产权全球复合险对外发布。总部位于张江的上海奥普生物医药有限公司把公司六大产品系列使用的25项专利和医疗检测设备商标在全球投保，每年投保费52万元，可获得100万美元的保额，这是自贸区第

一单全球知识产权复合险（专利、商标），也是目前全国保费最高的知识产权保单。

（二）知识产权一站式公共服务，集中管理提升效率

全新组建的知识产权局统一进行专利、商标和版权集中管理和综合执法，提供知识产权"一站式"服务，提升了政府管理效能。"三合一"改革以后，原来归属于不同部门分别行使的专利、商标、版权管理和执法职能，改为由知识产权局统一进行集中管理和综合执法，为辖区企事业单位提供知识产权"一站式"服务，有利于政府资源的高效利用，提高政府公共服务水平；有利于加强知识产权整体的监管和保护，更好地维护市场公平。此外，浦东新区知识产权局还推动设立自贸区知识产权网上综合服务平台，整合知识产权服务资源，并通过互联网手段，为自贸区内企业提供知识产权保护、交易、融资、评估、鉴定方面的一站式服务。

（三）知识产权资源要素叠加组合，有效形成工作合力

全新组建的知识产权局就专利、商标、版权的资源要素进行了重新组合，通过资源要素的新组合，来推动知识产权事业更好、更快地发展。知识产权局成立后，对专利、商标、版权领域的组织资源、政策资源、服务资源等重新组合，相互延伸，改变了以前部门割裂的局面，有效形成知识产权工作合力，增强了知识产权工作的融合度，增加了知识产权政策的覆盖面。更重要的是，"三合一"改革之后，新区知识产权局摆脱原有专利的束缚，将专利工作中积累的好经验和好做法，延伸到商标和版权工作上，并以系统性思维统领知识产权工作，使各自优势和专长发生叠加效应，让专利、商标、版权协调发展、整体发展。

（四）专利、商标传导作用明显，"三合一"导向作用突出

"三合一"综合管理改革以来，全新组建的知识产权局在政策宣贯、培训交流等方面，摆脱了原先只限于"专利"或"商标"等条块分割的体制束缚，使得以前的专利优势企业和商标优势企业等相互了解，尤其是不少商标优势企业通过宣传交流，发现也可以受惠于专利

政策，从而有力地带动了这些企业在专利、商标等领域的整体发展，促进了这些企业的知识产权整体竞争力。比如，"三合一"改革之后，浦东新区申报专利示范试点企业的数量与日俱增，从此前的每年20家左右，2015年上升至80余家（有49家获得认定），2016年申报量高达122家（有46家获得认定），这其中不少就是以前的商标优势企业。

不仅如此，知识产权职能主管部门的"三合一"也带动了企业知识产权管理的"三合一"。知识产权对企业而言是一个整体战略，它们往往同时拥有专利、商标、版权等多项知识产权，专利是技术创新的法律保障，商标是品牌发展的护身符，版权工作或多或少也有，每一家企业其实包含有综合的知识产权业务。正如上海微创医疗器械（集团）有限公司知识产权资深经理张丽红所说，企业知识产权事务从来都是和企业的经营战略紧密结合的，很难把专利、商标、版权分隔开。但是，以前，企业更多关注的只是专利或商标，有的企业在内部管理上实行专利、商标相互分散，各自对接相应的职能主管部门，这显然人为增加了企业知识产权管理成本。

"三合一"改革以来，新的知识产权局的工作重心在于帮助企业建立综合性的知识产权管理体系，并取得了较好的效果。很多企业有了整体战略意识，会考虑由品牌、文化版权、技术创新，形成整体发展战略。越来越多的企业更加重视知识产权的全面培育、管理和保护，有的企业合并了内部的专利、商标及版权业务，不仅与政府部门的"三合一"接轨，也整合了内部分散的知识产权资源，提升了企业知识产权的职能层级，降低了企业知识产权管理的行政成本，释放了知识产权对企业的价值。

综合性知识产权社会组织更是得到了良好的带动和发展。自贸区知识产权协会、浦东新区知识产权融资促进会、知识产权投贷联动引导基金、知识产权服务机构联盟等知识产权社会组织或机构先后成立，为企业提供知识产权投融资、代理、托管、培训、维权等各方面的社会服务。

四、意 义

（一）营造了良好的发展环境

政府部门通过综合性的知识产权服务和保护，可以为创新和竞争营造良好的环境，更好地维护市场公平；同时可以更好地促进知识产权的产业化、商用化，建立以知识产权为核心的技术交易体系，探索知识产权的金融创新形式，有利于创新型经济的发展。

（二）更加便利行政管理相对人

此次改革中，"三合一"管理体制能够提供知识产权"一站式"服务，也有利于提高知识产权保护的工作效率，切实维护知识产权权利人的利益。另外，改革还实现了"诉求处置一体化"，改变原先专利、商标、版权分别由不同部门处理申诉和举报的情况，更快更好地维护企业和公众的合法权益。

（三）促进了国际创新资源导入

知识产权已成为经济发展的战略性资源和国际竞争的核心要素，"三合一"管理改革有利于增进国际投资者、企业界和政府部门对上海和浦东知识产权管理和保护水平的理解和信任，进一步促进国际创新资源的导入。

参考文献：

[1] 吴汉东. 知识产权综合管理改革势在必行 [N]. 中国知识产权报，2017-03-29.

[2] 王宇，聂莉，叶宗雄. 上海浦东新区知识产权行政管理和执法"三合一"改革成效初探（上）[N]. 中国知识产权报，2016-09-29.

（执笔人：袁真富副教授，上海大学知识产权学院副院长）

【专家点评】

  浦东新区及上海自贸试验区的知识产权行政管理模式采取专利、商标、版权"三合一"的大刀阔斧之改革举措，这是优化我国知识产权行政管理格局的重要探索和大胆尝试。世界各国的知识产权行政管理体制多为或是专利、商标、版权"三合一"模式，或至少是专利、商标"二合一"的模式。但长期以来，我国各级知识产权行政管理体制却一直采用的是专利、商标、版权行政部门"三家分晋"、各行其是的平行管理格局，以及再加上其他相关知识产权行政管理机关的"九龙治水"分散化管理模式，条块分割，政出多门，划地为牢，各自为阵，经常致使头痛医头，脚痛医脚，甚至于相互冲突，彼此掣肘，影响到知识产权行政管理的工作效率和综合效应。在继往开来，开拓创新的我国知识产权行政管理体制改革的历史进程中，浦东新区及自贸区一马当先，先行先试，将专利、商标、版权行政管理的原有"三家分晋"模式，改革合成为"三合一"的综合性知识产权行政管理架构，整合体系，善用资源，提纲挈领，纲举目张，取得了突破性的一连串的成绩，积累了较丰富的可复制的经验，成为我国知识产权行政管理体制改革的先驱者、先行者和先进者。"三合一"知识产权行政管理的整合模式或优化格局，已经有力推进了浦东新区的知识产权创造、运用、保护、管理与服务的"一条龙"建设。

  审时度势，与时俱进，需要进一步建议的是：我国知识产权保护与运营的最重要对象现在已不仅在于专利、商标、版权。知识产权重要成员已经从昔日的"专利、商标、版权"的"三家村"，演绎成了今天"专利、商标、版权、技术秘密（商业秘密）"的"四大家族"。一方面鉴于知识产权保护中技术秘密的重要性越来越凸显，技术秘密日趋成为我国知识产权保护的重灾区和重头戏；另一方面鉴于迄今我国技术秘密的行政管理虽在工商行政管理部门有所涉及，但其实真正并没有落到实处、落到深处。我国对技术秘密以及商业秘密的保护与运营，至今还没有得到足够的重视和配置，也还没有恰当的行政管理构架及管理举措。所以，期待浦东新区从现行建设专利、商标、版权之"三合一"的综合型知识产权行政管理体制，再接再厉，先行先试，继续勇为天下先，更进一步提升到建设专利、商标、版权、技术秘密之"四合一"的知识产权行政管理体制。

（点评人：陶鑫良教授，上海大学知识产权学院名誉院长，大连理工大学知识产权学院院长）

管理篇

优化知识产权综合服务　提供一站式公共服务

——浦东新区知识产权公共服务平台运行

一、引　子

2017年6月20日,国家知识产权局专利局专利审查协作江苏中心专利巡回审查团20余人来到浦东新区知识产权公共服务平台(见图3),当面与11家浦东企业及代理人的31个专利申请案件进行巡回审查。这是浦东新区知识产权公共服务平台积极引进外部资源、服务企业的又一有力举措,受到了企业及专业机构的热烈欢迎。

图3　浦东新区知识产权公共服务平台(1)

同传统的实质审查工作相比,巡回审查完成了从"书信往来"到"面对面交流"、从"幕后审查"到"前台审查"、从"双方交流"到"三方交流"的转变,既有利于提高审查质量和效率,又能帮助企业申请人和代理人把握专利授权的标准,更好地答复审查意见和修改相关文件，保证专利的审查质量。

二、背 景

浦东新区知识产权公共服务平台（见图4）是浦东新区科学技术委员会在2006年组织成立的，主要业务有：专利等知识产权申请服务、专利咨询服务、专利检索分析以及制定专利战略服务、知识产权专业培训服务等。浦东新区知识产权公共服务平台建设坚持以需求为导向，紧密结合区委、区政府稳中求进，坚持创新驱动、转型发展的总方针，以知识产权支撑浦东经济增长质量和效益的提高为工作中心，先试先行，积极完善知识产权服务链，深入贯彻落实国家和上海知识产权战略纲要，扎实推进各项建设工作，为浦东专利申请及授权总量稳居全市第一做出了卓有成效的工作。

图4 浦东新区知识产权公共服务平台（2）

2015年，上海浦东在全国率先成立了集专利、商标、版权于一身，兼具行政管理与综合执法两项职能的独立知识产权局。浦东新区知识产权公共服务平台也及时做出调整，从浦东新区科学技术委员会划转到浦东新区知识产权局。浦东新区知识产权公共服务平台不断充实服务内容，优化服务方式，按照"一站式服务""综合服务"的要求，进一步加强服务平台建设，一方面整合了专利、商标、版权、各类公共服务信息，另一方面从企业角度出发，编制知识产权综合性服务指南，减少企业向多个部门咨询，节约企业办事时间、办事成本。

同时，浦东新区知识产权公共服务平台还集聚了多家专业服务机构，面向社会服务企事业单位过万家次，形成了以政府主导的公共服务和多样化专业化服务相结合的立体化服务模式。平台以重点服务张江园区高科技企业为核心，辐射整个浦东，为区域创新资源的集聚、创新服务体系的完善提供了有力的支撑。在上海和全国形成了一定的影响力，得到了国家知识产权局、上海市知识产权局的高度认可。

三、措　施

（一）落实知识产权资助政策，做好一门式受理工作

浦东新区知识产权公共服务平台面向企业提供国家、上海市、新区、张江高科技园区知识产权扶持政策的一站式受理服务窗口（见图5），各项行政服务功能不断充实，服务领域和内容不断深化和拓展。

图5　浦东新区知识产权"一站式"受理窗口

2016年，共受理48家次上海市专利一般资助材料，资助金额46.44万元。2016年，受理上海市专利试点示范122家企业的材料，完成对所有申报企业专利信息的录入及专利试点示范企业申报材料的推荐意见撰写，最终获批46家，形式审查申报成功的44家企业申报浦东配套资金材料。浦东新区专利资助受理方面的情况，其中，PCT资助方面，2016年共受理100家企业750个项目，涉及金额741.16万元；一般专利资助方面，2016年受理企业申请1225家次，共计50批9107件，其中，申请阶段的专利5754件，授权专利3353件，合计资助金额1313万元。张江政策受理方面，2016年，共计资助14家企业，其中专利资助10家，维权补贴3家，质押融资1家，资助金额为647.55万元。

截至目前，浦东新区知识产权公共服务平台已累计为浦东新区3000余家企事业单位办理了3.2万余件国家专利费用减缓审批；受理并上报浦东新区科技发展基金知识产权资助资金项目，资助总金额超1.6亿元。2013年增设张江高科技园区知识产权工作奖励政策受理服务，为入驻张江园区的高科技企业提供便捷的服务。共受理近70家次企业的资助项目，涉及专利近万件，资助金额近3000万元。

按照加强临港地区统筹管理，实现"临港事临港办"的要求，2016年，浦东新区知识产权公共服务平台派遣专利受理人员直接入驻临港行政服务中心，为临港地区的企业提供一站式知识产权资助政策的受理及咨询服务。

（二）深化部市合作的张江专利审查员实践基地项目

2008年5月，全国第一家"国家知识产权局专利局专利审查员实践基地"正式挂牌。浦东新区知识产权公共服务平台依托国家知识产权局专利局上海张江专利审查员实践基地项目，搭建企业专利工作与审查员的交流平台。近十年来，已接待64批共595位国家知识产权局审查员，其中，2016年接待9批共45位审查员，帮助审查员深入近百家园区企业进行实践与调研（其中中小微企业占到50%以上），同时借助审查员的资源为企业开展各类培训和专利主题讲座，如2014年10月

16日李勇审查员在浦东知识产权公共服务平台为浦东企业开展讲座，2016年10月18日专利局中医药处宋江秀处长为浦东企业开展讲座等，通过讲座和各种形式的沟通交流，有效地帮助企业正确、全面地理解专利法规，了解专利申请实务和专利挖掘，增强了员工的专利意识，激发了企业的创新能力，提升了企业提高专利申请质量、专利战略制定水平的意识，不断提高企业对专利制度的运用能力。2016年，在国家知识产权局"十二五"期间优秀基地评选活动中，浦东脱颖而出荣获了全国优秀基地称号。

（三）提供多样化的知识产权培训

为推进区域内专业化、复合型知识产权人才的培养，为区域知识产权发展提供人才保障和智力支持，浦东新区知识产权公共服务平台为企业开展了多层次、多方位的培训服务。打造特色培训体系，推进知识产权人才培养。

围绕浦东新区产业发展和企业需求，借助各类资源提供全面的知识产权培训服务。一是为有效促进专利转移转化，盘活园区企业专利资产并实现专利的分级分类管理，开展了9期专利价值分析培训，近600人参加了培训。二是为推进《企业知识产权管理规范》的贯彻实施，指导中小微企业建立系统、规范的知识产权管理体系，全面提升企业知识产权管理能力，引导企业将产业化优势进一步提升为知识产权优势，举办了三期《企业知识产权管理规范》实务培训，培训人数近百人。三是为推动张江高科技园区国家专利导航生物医药产业发展实验区建设工作，提高专利信息利用和专利分析的意识和能力，组织近160人次企业及专业机构人员参加专利布局、专利分析实战班。四是根据中小微企业的需求与特点，平台组织大型论坛、各类沙龙和免费公益讲座百余场，参加单位2000余家，超万人次。五是开展知识产权公需科目继续教育，对专业技术人员进行知识产权基础知识培训，1500多人参加培训。平台2016年共举办8场公益培训，与专业机构合作，组织召开"中美生物医药知识产权保护"专题讲座，承办"法国、欧洲知识产权保护"研讨会等活动。六是每年开展多场公益性的培训活动。如,"中美生物医药知识产权保护","法国、欧洲知识产权保护"研讨会等。

(四) 从事相关知识产权研究工作

相关知识产权研究工作主要包括四个方面:分析研究新区知识产权状况;跟踪协调重点产业行业以及自主知识产权项目;帮助企业推进知识产权战略制定和实施;探索研究国内外知识产权工作新动向、新趋势。2016年立项《2016年浦东新区知识产权发展状况》课题研究工作,同年11月13日召开《2016年浦东新区知识产权发展状况》课题专家咨询会,正式开题。

(五) 开展知识产权托管服务

根据国家知识产权局2011年11月11日发布的《中小企业集聚区知识产权托管工作指南》的要求,为完善浦东新区中小微企业知识产权培育、筛选、评估、评价、交易等产业化和商业化规范和制度,培育、集聚、规范知识产权服务业,促进中小微企业专利价值的实现,浦东新区知识产权公共服务平台于2013年申报了国家知识产权托管试点平台,与中国技术交易所、德国慕尼黑anitz, Finsterwald&Parner知识产权律师事务所等数十家社会优质专业机构展开合作,全面打造知识产权服务链,开展知识产权托管服务。

浦东新区知识产权公共服务平台(见图6)与知识产权服务机构合作,通过采购服务的方式,为区域内的企事业单位提供包括发明初筛、评估、专利培育、技术转移、建议申请外国专利等环节在内的一套完整服务流程,帮助企事业单位加速专利成果转移转化,实现专利的经济价值。壹志医药、右手医药等多家企业(其中中小微企业占50%以上)的25个项目正式纳入试点,完成所有项目的评估。其中,已有项目与某医疗器械公司达成超5亿元的专利转让协议,外加一定比例的销售提成,另有4个项目进入市场推广阶段。

管理篇

图6 浦东新区知识产权公共服务平台（3）

（六）着力营造知识产权文化氛围，常态化开展知识产权宣传活动

浦东新区知识产权公共服务平台与浦东时报社合作，完成《浦东时报》"知识产权"专版栏目策划，全面报道近期区域知识产权工作成就，迄今完成了近40期专版内容采编和200家单位专版赠阅工作，辐射面达20万人。

为方便企业获得最新、最有用的知识产权资讯，安装了全媒体信息发布一体机，供企业更便捷地了解知识产权各项政策、知识产权成果；并在浦东新区知识产权公共服务平台走廊设立了企业专利墙，树立典型，弘扬知识产权文化。开通浦东知识产权公共服务平台微信公众号，分享知识产权有关政策及知识产权成果，目前已有近200家企业关注该账号。

（七）重点探索技术性平台建设成为未来平台建设的重点

下一步浦东新区知识产权公共服务平台还将深入贯彻"互联网+服务"的理念，进一步加强线上服务功能。

1. 建立知识产权数据库

建立一个统一的知识产权数据库，通过该数据库实现专利、商标、

— 73 —

版权等知识产权数据的统一管理和利用,包括知识产权数据的收集、存储、更新与共享机制。

2. 建立线上平台

努力实现各类服务事项全网通办,"让群众少跑腿,让信息多跑路"。传统的线下服务比较分散,同时也加大了信息获取的难度和信息流动障碍,服务比较低效。因此,"互联网+"服务平台建设在传统服务的基础上统一规划、共建共享,使信息数据、政府政策等资源充分共享,将提高资源使用效率,使信息资源使用更便捷。通过该技术服务平台,既能规范、简化和优化办事流程,提高工作效率,使各项知识产权事务和服务更加公开、公正;同时,通过在平台上开展各类知识产权服务活动,对促进政府决策合理化、管理科学化、服务高效化起到积极作用。

四、意 义

上海浦东在此次的改革中建立的"三合一"知识产权局,按照"一站式服务""综合服务"的要求,进一步加强服务平台建设,一方面整合了专利、商标、版权各类公共服务信息,另一方面从企业角度出发,编制知识产权综合性服务指南,减少企业向多个部门咨询,节约企业办事时间、办事成本。改革旨在接轨国际惯例,顺应发展趋势,高效利用资源,增强管理效率,提高服务能力,从而为区域知识产权发展营造良好环境。以知识产权公共服务平台为基础,探索技术性平台建设的改革,是深化浦东综合配套改革的重要试点,是上海创新知识产权行政管理和执法体制的积极探索,是立足国际视野,强化知识产权运用和保护,助力创新型国家建设的具体实践,和自贸区知识产权局一起,为亚太地区知识产权中心城市建设,奠定了良好的基础。

知识产权公共服务平台的建设为改革打好了坚实的基础,实现了浦东知识产权(专利、商标、版权)一口采集、统一建库、综合处理,大大提高了行政效能,同时也极大地便利了社会公众,具有以下几方面优势。

(一) 提升了政府管理效能

传统的信息管理往往造成相关行政资源信息、公共服务资源无法得到有效整合,增加了政府运行成本,影响了政府管理效率,制约了政府资源信息的高效利用。浦东新区知识产权公共服务平台的建设,旨在顺应发展趋势,高效利用资源,增强管理效率,提高服务能力,从而为区域知识产权改革、发展做好充分的基础设施建设。不断集聚与知识产权相关的资源,从而建立市场化、社会化、多元化的知识产权服务体系,利用网络手段拓宽政府的知识产权创造、运用、保护、管理和服务水平,提供主动服务,跟踪关怀,建设庞大的、动态的知识产权信息库和各种应用,构筑行政机关联合市场化、社会化机构共同参与浦东新区知识产权工作的多方联合机制。

(二) 强化了知识产权保护

"三合一"知识产权公共服务平台建设为知识产权权利人提供更加便捷的权利申请、信息咨询服务,为政府向企业进行法律政策、信息的发布、宣传教育提供了更加集中统一、便利快捷的方式和途径。"三合一"知识产权公共服务平台的建设不仅为企业提供更加方便的维权平台,也为知识产权局的综合监管提供有力的保障,有利于对知识产权的保护。

(三) 加大了公共服务力度

"三合一"知识产权公共服务平台建设充分体现了执政为民的理念,为企业以及公众提供了更加便捷、统一的知识产权信息咨询、政策宣传、业务便利等基本知识产权服务平台。同时,面向企业进行专利、商标、版权相协调、统一、全面的教育宣传,促进企业以及公众知识产权意识的提高,促进企业树立整体的知识产权战略意识。推动国际高层次知识产权、国内各种自主创新实体的集聚,充分发挥系统内、社会化资源参与国际高层次知识产权管理与服务工作,从而实现国际高层次知识产权的精细化管理与服务。

（四）为浦东新区知识产权局的改革提供了有力保障

实现知识产权发展统一规划、知识产权事务统一管理、知识产权执法统一行动，做到信息发布、办理业务、管理执法等的统一，提高相关部门行政效率，并且使企业办事更加便利，并有效配合企业知识产权整体战略规划。同时，"三合一"的知识产权公共服务平台的建设，有助于进一步提升浦东新区在知识产权领域的国内外形象，有助于浦东新区吸引国际国内创新者、创业者和投资者，有助于推进张江国家自主创新示范区建设，有助于浦东新区与中国（上海）自由贸易试验区的建设发展形成良性互动，同时也有助于上海国际旅游度假区建设及其"迪士尼乐园"项目持续发展。构筑浦东知识产权高地，着力支撑上海创新驱动发展，为建立全球科技创新中心提供强有力的支撑，为服务自由贸易区奠定坚实的基础，为推动浦东的政治、经济、文化、社会的全面发展做出积极贡献。

（执笔人：张玉蓉博士，上海大学知识产权学院副教授）

【专家点评】

"三合一"知识产权管理模式，在我国已提倡多年但进展缓慢，浦东新区是我国第一个以"三合一"模式施行知识产权行政管理、综合执法的地方政府。为了应对"三合一"模式后骤增的工作量，浦东新区加强了知识产权公共服务平台功能，在提升管理与执法效率的同时，强调了政府为企业提供公共服务的职能。

已经建立并运行的知识产权公共服务平台包括：（1）为提升行政管理效率，采取了"一门式受理知识产权资助申请"措施；（2）为提升所辖区域企业知识产权的质量和数量，采取了"审查员开展各类培训和专利主题讲座""IP机构提供全方位知识产权培训服务""借力开展知识产权研究工作""尝试知识产权托管服务""专利信息利用等专业化服务""常态化开展知识产权宣传"等举措。从统计数据来看，现有知识产权公共服务平台已取得较好成效。

为深化浦东综合配套改革、提升政府管理效能、强化知识产权保护、加大公共服务力度，有必要进一步探索知识产权数据库、管理平台、服务平台、执法平台等技术性公共服务平台的建设，以便为浦东新区知识产权局的改革提供有力保障。

(点评人：黄武双教授，华东政法大学知识产权学院院长)

创新知识产权监管举措　加强事中事后综合监管
——知识产权综合监管体系探索

一、引　子

2017年4月6日至5月31日，浦东新区知识产权局根据《上海市工商行政管理局关于开展企业登记事项公示信息和商标使用行为随机抽查的工作方案》的有关部署，因地制宜地对市工商局随机抽取的浦东企业（不包括自贸区保税片区）的商标、专利和迪士尼版权使用情况进行了首次知识产权领域"双随机"实地检查（见图7）。经检查，1家企业存在违法违规行为，依法责令其改正，1家企业当场直接予以纠正。此外，在检查过程中，坚持行政执法、行政指导和宣传教育相结合，引导企业合法经营、诚信经营，共指导或接受企业咨询186家次，发放宣传册175份。

图7　开展双随机执法检查

实践证明，知识产权监管因专业有效率、服务因综合而受到市场主体欢迎。例如，在检查一家电商商标使用行为时，一并对其迪士尼版权使用情况进行了核查。又如，在检查一家医药研发企业时，对其正在开展的知识产权保护工作进行了指导，建议他们除了注重商标、专利保护外，还应当注重著作权保护，如对医疗器械软件进行软件作品登记，将一些产品说明书、产品宣传标语做作品登记等。

二、背　景

目前，我国行政改革围绕使市场在资源配置中起决定性作用和更好地发挥政府作用，着力解决市场体系不完善、政府干预过多和监管不到位的问题，坚持放管并重，实行宽进严管，激发市场主体活力，平等保护各类市场主体合法权益，维护公平竞争的市场秩序，促进经济社会持续健康发展。按照简政放权、依法监管、公正透明、权责一致和社会共治的原则要求，推进市场监管体制改革，加快形成权责明确、公平公正、透明高效、法治保障的市场监管格局，形成更加制度化的市场监管体系。改进检查机制，是改进市场监管执法的重要方面。如果依然沿用传统的普查方法，已经解决不了有限的监管资源与相对无限的监管对象之间的矛盾，充分运用抽查已经是大势所趋。2017年4月至5月，浦东知识产权局在全区范围内探索开展了企业及企业网站的知识产权使用事项双随机抽查工作机制。"双随机"要求随机抽取检查对象、随机选派执法检查人员。双随机监管是新形势下政府部门加强事中事后监管的重要举措。原则上对市场主体的监督检查均应通过"双随机"抽查的方式进行，不随意对市场主体检查。通过双随机抽查，以期达到有效监管，又不影响企业正常经营的效果，树立起"在监管中服务"的理念，做到执法检查与行政指导、宣传教育同部署同开展，引导企业合法经营、诚信经营，不断增强企业自律意识、责任主体意识。同时探索引入第三方机构，开展相关数据的筛选、梳理和录入等辅助服务，丰富监管手段、提高监管效能，是事中事后监管的一项有力措施。

三、举措

(一) 对新成立的企业及时走访，加强提示告知与信息核对

按照新区加强事中事后监管工作的精神和要求，切实履行知识产权行政管理职责，在知识产权领域做好事中事后监管，依托新区事中事后综合监管平台形成的信息共享、监管联动工作格局。例如，在专利代理机构的属地监管方面，新区知识产权局通过新区事中事后监管平台第一时间对新成立、新迁入的知识产权服务代理机构及时进行走访。通过走访，一是加强政策宣传，扩大新区知识产权政策惠及面。宣传介绍新区相关知识产权资助政策，听取企业需求，解答企业咨询。二是加强提示告知，推动企业强化主体责任意识。做好前端告知服务工作，督促企业依法经营。三是加强信息核对，完善事中事后监管信息库。了解企业经营情况，核实相关信息，建立企业信息登记台账。其中，对已开展知识产权代理工作的企业，及时纳入事中事后监管体系中；对尚未开展知识产权代理工作的企业，进行风险评估，拟定针对性监管措施。

(二) 随机抽查工作坚持综合性与专业性相结合，为深化改革积累经验

在检查事项上，除了落实市工商局下达的商标使用情况检查外，另行增加了专利使用情况、迪士尼版权使用情况等两项检查事项。这既体现了知识产权监管的专业性，也符合《工商总局关于新形势下推进监管方式改革创新的意见》中"对同一市场主体的多个检查事项应一次性完成，提高监管效能，减轻市场主体负担"的规定。在检查范畴上，除了实地检查外，还试行线上排查，将监管范畴延伸到了企业网站。在检查方式上，推行执法检查与宣传指导相结合，既认真执行知识产权专业检查，还针对企业实际需求开展知识产权"一揽子"综合服务。

（三）根据企业专利和商标申请情况，找到对应监管对象进行抽查，建立监管对象库

根据《上海市工商行政管理局关于开展企业登记事项公示信息和商标使用行为随机抽查的工作方案》的有关要求，此次抽查的主要内容分为商标和专利两个方面。具体根据企业专利和商标申请情况，找到对应监管对象进行抽查。商标方面主要包括商标代理行为的检查，商标使用行为的检查，商标许可使用行为的检查，集体商标、证明商标使用行为的检查，商标印制行为的检查，奥林匹克标志、特殊标志等标志违法使用行为的检查。专利方面的随机抽查事项主要是专利代理管理，查处假冒专利行为。每年定期制订本年度随机抽查监管的检查计划，规定同一年度内对同一企业的抽查次数不超过两次，抽查的方式可采取书面检查、实地检查、网络监测等方式对企业进行检查。下一步，有必要建立更有针对性的监管对象库。做好知识产权情况记于企业名下的档案库，按照"与商标有无直接关联"为标准，合理确定执法人员等。进一步总结经验，改进双随机工作（见图8）。

图8 开展双随机执法检查

（四）根据企业信誉，选择重点监管对象进行抽查

通过加强检查结果的运用，对连续两年检查结果良好的企业，减少抽查比例和抽查频次。对于信誉较差的企业进行重点抽查，抽查采用多管齐下，监管、服务、宣传有所侧重的形式。

此外，对有知识产权的企业，更侧重实地检查；对无知识产权的企业，更侧重走访宣传服务。在检查中坚持行政执法、行政指导和宣传教育相结合，强化市场自律，引导诚信经营，推动市场主体落实首负责任和主体责任。检查过程中，要求检查人员如实记录检查情况，发现涉嫌违法违规行为，应根据检查情况提出处理意见。能当场纠正的，告知企业直接予以纠正；需责令改正或立案的，做好记录和报告，事后进行详细调查。属于其他行政机关管辖的，依法移送其他具有管辖权的机关处理；涉嫌犯罪的，由保护处依照有关规定移送司法机关。

四、意 义

通过以上各种措施，以"制度先行、平台保障"为理念，建立以综合监管为基础、以专业监管为支撑、信息化平台为保障的事中事后监管体系框架，依托法人库、人口库、空间地理信息库等基础数据库，进一步加强部门监管信息互联共享，综合利用网上政务大厅、公共信用信息服务平台等已有资源，以集约化方式搭建集信息查询、协同监管、联合惩戒、行刑衔接、社会监督、决策分析等功能于一体的事中事后综合监管平台，逐步形成横向到边、纵向到底的监管网络和科学有效的监管机制，强化部门联动和联合惩戒，增强监管合力，提升综合监管水平，探索构建依法合理、科学规范、多元统一、运行高效的新区知识产权监管体系。以政府职能转变为核心的事中事后监管制度，弱化政府在市场领域的垄断性的审批职能，强化政府部门对于市场和社会的监管职能，不仅让政府效能最大化，而且激发市场活力和社会创造力，使得政府、市场、社会三者之间保持一种动态、协调的发展关系。

（执笔人：张玉蓉博士，上海大学知识产权学院副教授）

【专家点评】

随着知识产权"三合一"模式的实施,行政管理和综合执法的工作量急剧增长,浦东新区知识产权局创新管理方法,采取事中事后综合监管的措施值得总结推广。

采用实地随机抽查和线上抽查,要求随机抽取检查对象、随机选派执法检查人员,是加强对企业使用知识产权行为的事中事后监管举措。双随机抽查,在不影响企业正常经营的前提下,强化了"在监管中服务"的理念。

有效引入第三方机构,开展相关数据的筛选、梳理和录入等辅助服务,解决了行政人力资源紧缺的问题;搭建集信息查询、协同监管、联合惩戒、行刑衔接、社会监督、决策分析等功能于一体的综合监管平台,提高了管理效率。

事中事后监管举措的权威,需要对违规违法者施以严厉的责任来维护。对所发现的涉嫌违法违规行为,分别采取执法现场当场纠正、责令限期改正或立案继续调查、移送其他行政机关或司法机关等措施,可以有效遏制违规违法行为。

(点评人:黄武双教授,华东政法大学知识产权学院院长)

横向到边纵向到底　条块联动精准服务

——基层知识产权特色工作站建设

一、引　子

2016年11月22日，为发挥知识产权在推动高校科研创新和成果应用，服务地方经济和国家战略、科技发展中的支撑和引领作用，上海海事大学与浦东新区知识产权局共同协商签署了战略合作协议，在上海海事大学设立知识产权工作站，共同协调推进知识产权相关工作在基层的顺利开展（见图9）。在达成合作共识的基础上，双方积极开展了多种多样的知识产权活动，将知识产权工作站"以点带面"的促进效果最大程度地发挥到了实处。

图9　2016年11月22日，浦东新区知识产权局与上海海事大学合作设立首个高校知识产权工作站

2017年4月20日，浦东新区知识产权局与上海海事大学共同举办了临港地区2017年"知识产权服务宣传周"系列活动。举办了一系列专家主题报告会、专题展览、座谈会等活动，有关政府部门、高校和企业等各界代表共计200余人参加各项活动。特别是临港地区30多家政府部门、科研院校、企业的相关负责人参与了"临港地区知识产权工作座谈会"，在会上围绕临港地区知识产权工作开展情况、存在的问题和困难以及临港地区知识产权工作机制的建立等问题进行了深入交流探讨。这次活动也反映出知识产权工作站的设立取得了良好的初步成效。

二、背　景

随着浦东新区开发、开放和城市化进程的不断推进，浦东新区的镇域形态大致可以分为农业特征相对明显的一般镇、主导产业突出的大市镇、依托重点产业区辐射带动的"管镇联动"镇以及接近城市化的镇。不同的区域城镇根据各自的产业定位特色，确定了不同的工作发展方向和企业配置策略，进而也产生了不同的知识产权服务需求。在如火如荼的产业发展过程中，知识产权相关服务业务势必将在浦东新区充分发挥其推动区域经济、科技、文化发展的支撑和引领作用。

浦东新区知识产权局是国内第一家真正实行"专利、商标、版权"集中管理和执法"三合一"的知识产权局，作为区知识产权工作职能部门，统一负责新区专利、商标、版权等知识产权的行政管理和行政执法工作。在成立之初，该局就把不断完善知识产权工作机制，推动建立一个横向到边、纵向到底、多方协同、相互促进的大知识产权工作格局纳入议事日程。横向上，不断完善调整知识产权联席会议制度。纵向上，积极主动与各大开发区管委会逐一对接；组建开发区、街镇知识产权干部队伍；并分别与北蔡、高桥、宣桥多个镇域共建知识产权特色工作站，还与上海海事大学合作建立了大学知识产权工作站，共同推进新区知识产权工作，努力创造知识产权与经济工作融合发展的新局面。

三、举措

(一) 打造特色，以点带面，建立基层知识产权工作站

为深入实施国家和上海市知识产权战略纲要，发挥知识产权在促进镇域经济发展、强化政府公共服务、改善民生等方面的支撑作用，浦东新区知识产权局陆续与北蔡镇、高桥镇、宣桥镇签署了知识产权工作战略合作协议，并建立了各具特色的知识产权工作站。此外还建立了首个大学工作站——浦东新区知识产权局上海海事大学工作站，加强对科研院校知识产权工作的指导力度，探索知识产权服务"一带一路"倡议及海洋强国战略新途径。

为实际解决各镇区当地化的知识产权服务需求，将各镇区知识产权特色工作站的建立与运营工作落到实处，浦东新区知识产权局与各镇区的合作内容紧密联系当地制定的特色发展规划，并详细议定共同推进知识产权事业的具体工作内容。

1. 双方协同，互利共赢，助推国家战略

基于浦东新区知识产权局的行政政策资源等优势，从政策、资金、平台提供、人才培养等方面全面支持和促进区域性知识产权业务更快、更好地开展；借助自身行业和知识产权工作的优势，由镇域单位作为浦东大知识产权工作网络的重要组成部分，努力为区局知识产权工作提供支持，积极面向临港地区开展知识产权工作服务。通过双方的资源共享、优势互补和协同工作，共同推动和落实知识产权工作服务于国家发展规划、"一带一路"倡议、上海自贸试验区建设和上海临港科创中心建设战略等，切实形成知识产权工作有力服务国家战略的有效举措。

2. 建立工作机制，协同推进浦东新区知识产权事业发展

各方明确负责知识产权工作的分管领导和职能部门，定期召开工作会议，会商重大事项，互通知识产权工作信息及统计信息。围绕服

务科技创新中心建设和各区域发展的实际需求,明确"十三五"知识产权发展战略,协同推动本地知识产权事业发展。

3. 不断丰富和完善知识产权工作站内涵

为确保和推进浦东新区的各项知识产权工作顺利开展,共同探索知识产权支撑高校研究、产业发展和服务国家战略的机制,浦东新区知识产权局与各镇域开展协作,共同设立"浦东新区知识产权局知识产权工作站",以镇域为核心并辐射周边地区和产业园区。工作站承担浦东新区知识产权局的部分工作职能,开展政策落实、咨询服务、专题研讨和人才培训等日常工作,重点从政策宣传、组织专家讲座或交流研讨、开展成果遴选和展示服务、辅助地区知识产权战略布局,开展专项研究等方面推动高校与企业的科技成果转移、转化工作,指导科技成果转移、转化机制建设和资源配置等,努力营造有利于科技成果转移、转化的环境和氛围;积极为本地区高校和企业开展知识产权相关政策宣传、研究和咨询服务、专题研讨以及人才培训等日常工作;最终实现本地区高校和企业的知识产权创造、运用、保护、服务、研究水平的提升,知识产权布局、运用能力的提升,知识产权收益和效益的提高。

4. 共同推动知识产权专业人才培养

充分利用浦东新区知识产权局和各区块已有的多方面资源优势,加强本地高校知识产权专业人才队伍建设,尤其是知识产权高端人才的培养,进而推动高校知识产权工作,支持高校为产业发展、国家和上海重大战略贡献智慧,同时为国家的知识产权强国建设提供强有力的人才支撑。

5. 加强政策服务和知识产权试点、示范工作,强化知识产权保护力度与举措

浦东新区知识产权局全力支持指导本地区高校和企业开展知识产权创造、运用、保护、管理工作,定期为企业开展国家、市、区知识产权政策宣传辅导,开展品牌培育、知识产权管理体系建立、重大科

技经济项目知识产权评议等方面的指导，积极培育有条件的企事业单位认定知识产权管理体系、专利试点示范单位、著名商标等。

同时还与各区域协同探索建立区域知识产权保护工作网络，充分发挥属地和职能优势，共同加强建设各地区保护知识产权的良好环境；着力培育企业知识产权意识，完善诚信体系建设，构建行政他律和主体自律相结合的市场秩序。

6. 大力推进知识产权文化建设，积极培育知识产权文化，全面提升公众的知识产权意识

浦东新区知识产权局协同各知识产权工作站以"4·26世界知识产权日"等重大节日为契机开展宣传活动。通过形式多样的活动推进知识产权文化建设，加强知识产权领域的诚信体系建设，提升全社会知识产权意识，将知识产权的有关内容加入精神文明创建活动、国家普法教育以及社会主义核心价值观教育中；在全社会弘扬"以创新为荣、剽窃为耻，以诚实守信为荣、假冒欺骗为耻"的道德观念，形成"尊重知识、崇尚创新、诚信守法"的知识产权文化环境，努力推动知识产权文化环境建设。

（二）全面覆盖，组建纵向的开发区、街镇知识产权干部队伍

2015年，浦东新区知识产权局在以前所建立的专利联络员队伍的基础上，开始组建开发区、街镇兼职知识产权干部队伍，并逐步由原有的31家专利联络员扩展到了全区；把36个街镇，陆家嘴、张江、金桥、世博、临港5个管委会，国际医学园区集团、康桥集团以及南汇、空港、合庆、川沙等重点工业区、经济园区全部纳入到浦东新区知识产权局的知识产权干部队伍，并突出聚焦张江的特点，把张江镇、张江管委会、张江集团及张江孵化器中心也全部纳入，组建了一支由48家单位组成的、覆盖全区的兼职知识产权干部队伍。浦东局明确了开发区、街镇知识产权干部的6条主要协作事项，连续两年组织开发区、街镇知识产权干部培训，并定期向开发区、街镇提供知识产权信息服务。

开发区、街镇知识产权干部积极参与配合浦东新区知识产权局开

展基层工作、推进知识产权服务的落地，他们的主要工作内容有：

（1）协助开展知识产权法律、法规、政策的宣传。

（2）协助推进国家、市级和区级知识产权政策在开发区、街镇的落实，共同指导开发区、街镇属地企业知识产权工作的开展，为开发区、街镇属地企业提供相关知识产权服务。

（3）协助开展知识产权相关信息数据的统计和调查。

（4）协助对重要领域、重点路段、重点市场等进行巡查，及时发现知识产权违法行为线索。

（5）协调开发区、街镇内部机构、相关职能部门及属地企业、市场管理方等，共同参与知识产权保护和基础保障工作。

（6）辅助开展执法检查和案件调查，在知识产权侵权线索初核、整改情况勘查、一般诉求化解、侵权行为警示等方面，发挥属地资源优势。

四、效　果

浦东新区知识产权局"三合一"管理体制改革以来，局管理处（行政审批处）一直按照"全覆盖、全履行"的目标推进落实各项职能职责。两年来，浦东新区知识产权局为各知识产权特色工作站协调划拨了专门的工作经费，并注重实地调研、定期走访沟通、了解街镇特色，助推各知识产权工作站开展各具特色的知识产权工作。上海海事大学将知识产权普及和推广活动开展得热火朝天、有声有色，同时还成功协调浦东知识产权局按照规定程序办结完成了成立以来首单出版境外图书的出版合同登记审批事项，实现了版权审批事项零的突破；北蔡工作站加大了对"四新"经济产业、创新创业基地建设的政策引导及扶持，鼓励企业积极申请专利保护，扶持企业创新发展，助推区域经济转型升级；高桥工作站在政府经济转型之时进行知识产权评议，为政府的精准决策提供服务；宣桥工作站围绕镇区建设发展目标，着手探索知识产权支撑重点产业发展的有效机制。此外，各工作站还面对超过300家企业开展了6场关于"小微双创""科技发展基金知识产权专项资助"等政策的宣讲活动，并邀请相关专家开展专利挖掘与布局等业务知识培训。

此外，浦东新区知识产权局还探索调研了通过开发区、街镇知识产权干部走访进行事中事后监管工作的过程中新设立知识产权代理机构的途径，一方面使其作为知识产权局的业务触角延伸至基层，另一方面通过具体的业务工作实践提供了锻炼知识产权干部队伍的好机会。

五、意 义

当前世界上绝大多数国家和地区的知识产权行政管理都采取集中管理模式，实行专利、商标"二合一"或专利、商标、版权"三合一"管理。相比之下，我国是世界上少数几个实行专利、商标、版权"分散管理"的国家，而目前全国大部分地区实行的这种模式都存在着管理体制不健全、服务体系不完善等问题，"分散管理"已不能适应知识经济时代发展和政府职能转变的要求。浦东新区知识产权局作为全国首家单独设立的知识产权局，通过它的建立打破了专利、商标、版权区别执法、行政割据的隔阂局面，实现了专利、商标、版权"三合一"的综合行政管理执法体系。在职能行使上，浦东新区知识产权局一方面归并整合新区层面的专利、商标的相关职能，另一方面承接上海市相关部门下放的部分专利、版权管理和执法事权。这一创新体系整合了多项知识产权的管理、服务、信息联通及问题解决机制，对涉及知识产权创造、运用、保护和管理各个环节的全部要素进行重新架构，构建"监管和执法统一、保护和促进统一、交易和运用统一"的知识产权工作体系，做到"一个部门管理、一个窗口服务、一支队伍办案"，并实现"诉求处置一体化"，改变原先专利、商标、版权分别由不同部门处理申诉和举报的情况，大大提升了知识产权行政执法的工作效率，更快更好地维护企业和公众的合法权益。

浦东新区知识产权局建立之后，立即着眼于将综合工作落到实处，力求全面铺开一张完善的知识产权管理与服务网络，并且始终积极探索集约、高效的知识产权行政管理模式，构建便民、利民的知识产公共服务体系。随着工作内容逐步深入、实践目标逐步清晰，这一探索已由"粗放式"向"精细化"转变——变"被动等待"为"主动服务"、变"大锅饭"为"开小灶"。通过深入基层建立知识产权特色工作站、培养基层知识产权干部队伍，浦东新区知识产权局适应新时代城镇发展，将"三合一"的知识产权管理模式具象化地推进到下辖各区域，以条块化的分布结构实现立体联动、全面覆盖的知识产权业务格局，将知识产权服务工作通过特色工作站落实到基层，为深化区域发展提供精准助力。这也是浦东知识产权局始终坚持的"深入基层、服务一线"公共服务理念在日常工作中的成功践行。

知识产权"三合一"综合行政管理为下辖区域工作站的设立奠定了稳定实效的基础。综合执法与信息联通保障了工作站的高效运营，在"一站式"服务基层受众、保护社会利益的同时，也将知识产权保护的相关信息更好地传达到了"家门口"。知识产权特色工作站的设置，实现了知识产权服务更有效地落地生根、服务社区，同时，高效地与浦东新区知识产权局实现信息与管理的双向联动，主要体现在以下方面：

（1）上下联通，实现知识产权各部分内容和业务职能的高效配合，打通信息往来渠道，保障第一时间落实相关政策、推进各项工作。

（2）结合实际、发挥区块特色，提供精准到位、有实效、有价值的知识产权特色服务。

（3）促进知识产权保护的宣传推广落地开花，切实有效地帮助企业和群众解决知识产权相关问题。

（4）持续培养具有丰富基层实践经验，同时又具备扎实业务功底的知识产权干部，并且更好地扎根本地、开拓思路，寻求区域发展新方向。

（5）人员职能得到高效发挥，解决了工作量大而人手有限的问题，将知识产权服务横向到边、纵向到底地全面铺开来。

（执笔人：郭琦博士，上海大学知识产权学院讲师）

【专家点评】

知识产权既是一种法律保护机制，又是一种社会智力资源，这一规律决定了知识产权工作是一个多维的系统工程，在这一系统工程中，政府尤其是地方政府及其相应的基层知识产权服务平台将发挥不可或缺的重要作用。浦东新区知识产权局在国内率先真正实行"专利、商标、版权"集中管理和"三合一"行政执法新体制基础之上，不断完善知识产权工作机制，提出了符合知识产权事业客观规律的"横向到边、纵向到底、多方协同、相互促进"的知识产权大格局工作思路，并形成了诸多与之相适应的具体举措。

"基层知识产权特色工作站"是这些举措中一项行之有效的工作措施和工作平台，借助这一平台不仅能有效贯彻执行各级知识产权联席会议的指示精神，也能通过多种措施有效协调知识产权管理主体、知识产权创新主体、知识产权转化主体和知识产权市场主体之间的专业联系，还能以多种形式有效集聚一批知识产权资源管理人才、知识产权信息服务人才、知识产权创新研发人才和知识产权成果转化人才。这一工作站平台也为浦东新区知识产权"三合一"行政管理与行政执法体系深入到基层提供了有效的工作保障。只有通过这一平台将知识产权工作深入到乡镇、开发区和企事业单位，知识产权工作才能植根于基层，形成良性互动、高效运行的知识产权工作机制。

(点评人：何敏博士，华东政法大学知识产权学院教授)

搭建社会化服务体系　创新知识产权金融服务

——专业社会组织培育

一、引　子

"我要为园区着力做符合我们科技小微企业切身需要的这类创新的事情点赞!"这是和元生物技术（上海）股份有限公司潘讴东的由衷之言。

和元生物 2013 年 3 月成立于浦东张江药谷基地，2013 年 12 月与张江药谷公共服务平台共同建立联合实验室，2014 年获得上海市创新基金，同年 4 月战略收购纽恩生物，正式开始打造全球病毒包装中心。但是潘讴东有着他的烦恼："生物医药行业与其他战略性新兴产业不同，前期投入大、研发周期长、融资困难，较难获得银行贷款，信用融资更为不易，尤其像我们这类初创期的生物科技小企业，这方面更是难上加难。"

其实这也是此类初创科技小微企业共同的烦恼。浦东新区通过摸底科技小微企业需求后，鼓励企业诚信经营，引导企业用信用融资，为此类企业建立了动态的信用档案，并以此提供多方位的贴身的融资推介和服务。"对我们这类科技小企业而言，确实在短期融资方面救了急，解了难。"这才引出了本文开篇时潘讴东的感慨。

坤孚车辆配件有限公司虽然已不是初创企业了，但他们也有着自己的烦恼。坤孚主营业务以机械制造为主，涉及汽车农用车生产，专业摩托车化油器生产等，陆续被认定为上海市专利试点企业、中国专利十佳企业、上海市高新技术企业、科技小巨人（培育）企业。目前坤孚摩托车化油器全国市场占有率高达 15%，全国排名第三。但他们在发展扩张的过程中，也面临着融资难的问题。

但坤孚有着自己的特点，公司一直把知识产权作为企业创新发展的核心动力。公司具备专门的知识产权部门和研发中心，目前拥有各类注册商标 50 余项，其中上海市著名商标 2 项；拥有各类专利 208 项，其中发明专利 56 项。浦东新区通过将公司发明专利"一种采用三元触媒催化二次方法的化油器"与"坤孚"品牌著名商标组合打包，使公司获得了由浦东科技融资担保公司担保的上海银行 500 万元授信，解决了研发创新资金的问题。

以上的两个案例中，浦东新区的金融创新服务都有着一个社会组织的身影——上海市浦东新区知识产权融资促进会。

二、背 景

国家创新驱动发展战略强调，要发挥金融创新对技术创新的助推作用，形成各类金融工具协同支持创新发展的良好局面。《"十三五"国家知识产权保护和运用规划》中提出，到 2020 年，知识产权质押融资金额达到 1800 亿元。而知识产权质押融资服务，正是目前企业尤其是科技型中小企业迫切需要的金融服务。上海市浦东新区知识产权融资促进会正是在上海市加快科创中心建设、多措并举支持"双创"的大背景下，为落实国家知识产权局《关于进一步推动知识产权金融服务工作的意见》，在浦东新区知识产权局的指导下成立的社团组织法人。

理论分析和实践经验告诉我们，切实搞好政府社会管理职能的转变，大力培育和发展社会组织，依靠各种社会力量搞好公共服务和公共管理，是政府履行好使命的重要工作。

从 20 世纪下半叶开始，现代"社会善治理论"凸显了"社会参与"对社会公共生活的重要性。该理论告诉我们，在"市场失灵"和"政府失灵"的地方，离开了社会组织的有效参与，社会公共生活的有效运行和管理便无法实现；同时，即使在政府管制和市场机制能够起作用的地方，社会组织的有效参与往往也是提高其效率的辅助力量。因此，一个完整的现代社会应由政府、企业和各类社会组织三部分组成，它们互相依存，缺一不可。只有这三部分既各司其职，又通力合作，才能实现所谓的"善治"。

随着经济社会的进步，社会公众对公共物品和公共服务的需求不断增长，而企图单靠政府来有效满足种类繁多、数量巨大，有时甚至是彼此冲突的公共服务需求，从理论和实践两方面看都是做不到的。首先，政府是全体社会成员的代表，其行为必须具有普遍性，它应尽可能一视同仁地对所有社会成员提供公共物品和公共服务，这就使得政府往往难以应对社会公众种类繁多的公共服务需求；其次，政府与所有的管理者一样也将面临资源有限的难题，相对于自己的管理目标而言，它的实际能力始终是有限的，这就使得政府往往难以应对社会公众数量巨大的公共服务需求。

此外，当今政府提供的许多公共服务和公共管理项目的实施，都需要有优秀的专业人才和熟练的专业技能才能完成，而如果这些基础条件缺乏，政府公共服务和公共管理的能力就将大打折扣，其提供的公共服务和公共管理的效率就将受到极大的影响。现阶段，由于政府专业人才和专业技能的匮乏，导致本来就不宽裕的公共资源大量浪费。因此，当政府自己无力高效完成某些专业性、操作性强的公共服务和公共管理项目时，政府可按照法定程序向社会组织"购买公共服务"，给政策，出资金，将项目委托给有能力的社会组织来实施，同时进行严格的监管和评估，确保项目高效完成。而社会组织通过接受政府委托，加入政府公共服务体系，形成与政府公共服务之间的能力互补关系，发挥自己的专业特长和人才优势，在高效率完成政府委托的公共服务项目的同时，也可求得自身的有效生存和发展。实践证明。社会组织通过发挥专业优势，提升政府公共服务和公共管理能力的作用十分明显。

浦东新区知识产权局勇于先行先试，搭建社会化服务体系，创新知识产权金融服务。上海市浦东新区知识产权融资促进会（以下简称"促进会"）即是在浦东新区知识产权局的这一理念指导下成立的社会组织。

促进会由各类金融机构、知识产权相关中介服务机构和科技型中小企业组成，拥有许多在知识产权质押融资领域从业多年的优秀专业人才，他们对于知识产权质押融资有着深刻的认识，对于参与其中的各方的特点也有着充分的了解，这使得他们在搭建知识产权和金融要素对接平台，探索知识产权金融产品和服务创新中能抓住关键环节，除了银行外，还引入了保险机构、评估机构、交易机构、投资机构等，共同构建了投贷保易服"五位一体"的价值实现体系，致力于解决科技型中小企业融资难、融资慢、融资贵的问题，提升企业综合运用知识产权促进创新发展的能力。

三、举 措

促进会的成立，离不开浦东新区知识产权局的指导与支持。无论是筹备前对促进会组织架构、功能定位、队伍建设，到过程中寻找合适的保险机构、评估机构、交易机构、投资机构、银行单位等，各种会商协调、达成共识，包括在每一项知识产权融资项目的推出过程中，都给予了包括政策引导配套等大力的支持。

促进会目前拥有100多家会员。作为浦东新区推进知识产权金融服务工作的重要平台，促进会承接了浦东新区知识产权增信增贷计划、知识产权投贷联动基金、知识产权评价评估体系建设等重要工作，为会员提供知识产权融资咨询、评价评估、交流培训和课题研究等具体服务，成为促进会会员和各类投融资机构之间的桥梁和纽带。

（一）探索知识产权金融产品和服务创新

在知识产权融资服务中，无论是银行、保险机构还是担保公司，都是没有足够的动力的。以银行为例，由于银行风控体系的严格要求，部分银行虽表面上有知识产权质押融资业务，但事实上从未执行也无动力进行尝试。即使是介入知识产权质押融资业务的银行，在开展业务的流程中也存在一定的问题，例如，银行从业人员由于知识结构等原因对知识产权制度的了解有一定限制，导致其对知识产权风险的把控更依赖于专业机构等。最核心的问题是在于银行对知识产权质押物价值的理解方面。传统的不动产抵押贷款中，银行会关注抵押物处置的可能性及处置金额，多数银行把这一思维方式用于知识产权质押融资，特别关注知识产权处置的可能性以及评估值与处置金额的关联，因此仅因处置难这一点，大部分银行便将知识产权质押融资拒之门外。保险、担保机构也都存在着这样那样的顾虑。

促进会在浦东新区知识产权局的指导下，联合专业评估机构、金融产品开发部门、风险控制机构等，促使各方达成共识，构建一套金融机构互通互认、专利商标版权复合的评价体系和办法，将企业的知识产权评估价值与其信用融资额度挂钩的操作办法；突破现有模式，例如，以投资作为贷款的托底、债转股流程的建立等，开拓创新知识产权金融产品与服务，解决科技型中小企业融资难、融资慢、融资贵的问题。通过系统性的工作安排，促进会从整体上推动了知识产权融资服务的进行，探索知识产权金融产品和服务创新。

1. 知识产权增信增贷计划

知识产权增信增贷计划是经浦东新区知识产权局、财政局牵头指导推动，中国银行、上海银行和浦东科技融资担保有限公司等机构联合设计开发出的国内首张围绕科技小微企业专利、商标、版权等知识产权组合进行价值评价，并将评价结果对应贷款额度的标准化、类信用金融产品——"知识产权增信金卡"（见图10）。

图10 融资促进会参与知识产权增信增贷计划

促进会将作为浦东新区增信增贷计划实施的重要窗口,提供项目申请受理、知识产权评估和补贴发放等工作。浦东新区范围内上年度销售收入200万元以上、拥有自主知识产权的科技型中小微企业,均可通过专利、商标、版权等知识产权组合评价评分,以较低的融资成本获得对应的银行授信额度。同时,持有"知识产权增信金卡"的科技型小微企业融资,还可获得银行开户、结算、转账、短信等服务优惠,并可获得政策咨询、法律财务咨询和政策培训等系列免费服务。

2. 知识产权投贷联动基金

知识产权投贷联动基金是由浦东新区知识产权局指导牵头,上海浦东科技融资担保公司、上海海美投资控股公司、张江火炬创业投资有限公司、西南证券、中国银行、上海银行等机构联合设立债权/股权投资基金(见图11)。

图11 融资促进会参与知识产权增信增贷计划
以及知识产权投贷联动基金设立

知识产权投贷联动基金重点投向浦东新区知识产权增信增贷计划项目、符合战略性新兴产业方向、拥有独创性核心技术和知识产权成果转化项目、上海创新创业大赛项目、中行/上行信贷科技型小微企业、小巨人（培育）及研发机构企业、高新技术企业、高校科研院所知识产权成果转化项目。促进会通过集聚企业、评估知识产权，发掘符合基金投资要求的项目，给予推荐和重点扶持。

（二）组织知识产权相关培训

中小企业作为资金需求方，在融资的过程中也存在着自身的问题。

首先，企业由于在知识产权管理方面的不足，导致知识产权价值不高。一是由于自身不够重视以及代理机构水平等原因，部分中小企业拥有的知识产权质量不佳，难以提升竞争优势；二是不少中小企业获取知识产权并不是为了保护创新，而仅是为申请高新技术企业以享受税收优惠，或者获得其他政策上的便利；三是很多中小企业的知识产权授权后管理比较薄弱，不关注知识产权授权后的运用，甚至存在不能及时缴费或续展的情况。

其次，中小企业多为初创型企业，融资经验不足，还可能存在自视甚高的状况，导致进行知识产权质押融资时出现不少状况。部分中小企业融资经验不足，较难处理自身与银行的各种关系，存在过度依赖银行指点和专业机构服务的情况，也存在不能很好处理商业机密保密程度的情况。少数中小企业主自视甚高，认为其掌握的无形资源价值极高，而对自身发展目标没有客观、准确的定位，导致在与银行和评估机构接洽过程中很难契合，对知识产权价值的判断较难达成一致。

因此企业需要提高各方面的认识。

促进会通过对接知识产权管理部门、金融服务机构和知识产权服务机构等，为会员提供包括知识产权金融政策、产品、提升融资能力和知识产权管理的相关培训。

1. 知识产权金融政策培训

组织培训国家、市、区各级知识产权金融相关的政策法规、优惠资助、项目申报、奖励申请等。

2. 知识产权金融产品培训

组织培训知识产权创新性金融产品，如专利保险、知识产权质押、知识产权集合债券等。

3. 知识产权融资能力培训

组织培训企业增强对知识产权价值的认识、价值管理、融资能力的自我评估、融资能力提升的渠道等。

4. 知识产权管理培训

促进会在新区知识产权局的指导下，承接了部分浦东新区科技进修学院的部分职能，为会员提供"上海市专利工作者""专利价值分析"等课程培训，提升企业知识产权管理能力。

2016年7月26日，促进会承办了第七届全国版权经纪人专业实务培训班，这是该项目首次在沪举办。该培训由中国版权保护中心、浦东知识产权局主办，由促进会承办、上海市创意设计产业产权交易中心协办。本次培训是历届最受企业欢迎、报名最踊跃的一期，限额150名在三周内即报满，参加培训的有来自全国18个省市和港澳台人士，70%以上是企业老总或高管。培训课程主要包括著作权法律简介、版权资产管理服务、国际版权交易实务、版权风险防范、音乐版权的多样性经营等，学员结业后获得国家新闻出版广电总局国家版权局核发的继续教育证书，同时获得"中国创意产业版权价值开发协作联盟"颁发的版权经纪人证书。

促进会圆满地完成了培训任务。部分报名人员表示，参加培训对革新文化创意领域的运营理念，增进对版权产业现状与发展的理解有较大启发，对开展版权产品的深度研发和跨平台合作提供了机会。

(三) 知识产权金融研究

为帮助完善知识产权金融服务工作，促进会同时承担知识产权金融的理论和实践研究。

1. 区域企业知识产权融资现状研究

开展区域知识产权出资、融资、交易情况调查，了解有关知识产权和企业知识产权融资的发展现状，建立资料库。

2. 知识产权质押融资的风险管理机制研究

探索多元化知识产权融资担保机制，探索知识产权质押融资风险分担机制，探索知识产权质物处置机制等。

3. 知识产权创新金融产品的研究

探索知识产权资产证券化交易、发行企业知识产权集合债券、专利许可收益权质押融资等知识产权融资新模式。

4. 知识产权价值评估的研究

探索知识产权价值评估指标体系，为拟投融资、转让、许可的知识产权项目提供分析支持；推进知识产权价值分析指标体系运用。

（四）知识产权评价评估

知识产权评价评估是配合实施浦东新区知识产权增信增贷计划——知识产权增信金卡和上海浦东新区知识产权投贷联动基金中的涉及知识产权价值评价评估的具体工作。

知识产权增信金卡中的知识产权评价评估工作主要是对科技型小微企业拥有的知识产权进行知识产权质量、技术先进性、运用及保护措施和成效、社会效益及发展前景等全方位评价，依托15个二级指标设计量化打分模型进行评价评估，并出具评价报告给银行。银行按照评价报告中知识产权评价分值给予科技型小微企业银行对应授信。

知识产权投贷联动基金的知识产权评价评估主要是针对拟投资项目进行的知识产权综合评价，判断科技型小微企业知识产权价值，并为基金管理机构出具知识产权评价报告。

促进会自成立以来，已为400多家企业提供了融资咨询、评价评估等服务。截至2016年9月，浦东新区科技型企业通过知识产权创新金融服务获得了银行超过11.64亿元的融资，273家企业直接受益。

四、意　义

国家要实现创新驱动发展战略，必须要发挥金融创新对技术创新的助推作用，形成各类金融工具协同支持创新发展的良好局面。浦东新区知识产权局通过大力培育和发展社会组织，依靠各种社会力量提供专业有效的公共服务——知识产权金融服务，这是一次非常有益的探索。

促进会作为知识产权服务平台，主要专注于提供知识产权融资服务，搭建知识产权和金融要素对接平台，探索知识产权金融产品和服务创新，解决中小微科技企业融资过程中的难点、痛点，并且已有所成果，可以说在全国也是屈指可数，领风气之先的。它在对科技型企业的知识产权价值进行评估时，构建了一套金融机构互通互认、专利商标版权复合的评价体系和办法，并使之与其信用融资额度挂钩。这种知识产权复合的评价体系建设，得到了浦东知识产权局的大力支持和有效的数据支撑，正是浦东新区知识产权局专利、商标、版权"三合一"的体制设置，打破了专利、商标、版权行政管理之间的"墙"，有效地推进了促进会的工作进程。

（执笔人：高宏，上海大学知识产权学院）

【专家点评】

创新驱动发展和知识产权强国战略都一再强调，要发挥金融创新对技术创新的助推作用，形成各类金融工具协同支持创新发展的良好局面。而知识产权质押融资服务，正是目前我国企业尤其是科技型中小企业迫切需要的金融服务。这个案例显示，上海市浦东新区知识产权融资促进会所推行的将发明专利、商标乃至版权等组合打包模式，更容易使企业公司获得银行的授信，有效解决了研发创新资金融资难的问题。据了解，上海市浦东新区知识产权融资促进会是在上海市加快科创中心建设、多措并举支持"双创"的大背景下，在浦东新区知识产权局的指导下成立的社团组织法人。如果没有"三合一"的浦东新区知识产权局，很难想象有专利、商标和版权的打包评估、融资和运用的模式。这就再次说明，发挥知识产权的综合管理和服务的作用，对于解决知识产权转化运用是何等的重要、何等的关键。综合管理和服务是解决现代知识产权的创造、管理、保护和运用关联性问题的有效之举。

这个案例也生动地告诉我们，正是在"三合一"的浦东新区知识产权局的大力支持和推动下，促进会探索知识产权金融产品和服务创新开发了许多接地气的知识产权融资措施，例如，知识产权增信增贷计划、知识产权投贷联动基金，乃至知识产权评价评估等，有效地解决了科技型企业在知识产权转化应用过程中融资难的问题，值得点赞。

（点评人：单晓光教授，同济大学上海国际知识产权学院院长）

保护篇

知识产权"三合一""四轮驱动"大保护

——以迪士尼知识产权保护实践为例

一、引 子

作为中华人民共和国成立以来对外谈判历时最长、规模最大和最受瞩目的现代服务业项目,上海迪士尼乐园项目自从谈判伊始便引发了社会各界的高度关注。经过五年来的中外合作建设开发,上海迪士尼乐园在2016年迎来盛大开园,正式向公众开放,这也标志着上海迪士尼乐园项目正式进入运营期。上海迪士尼乐园项目正式运营后,相关的知识产权保护工作尤其是政府主导的知识产权行政保护工作同样备受关注。

做好上海迪士尼乐园项目相关的知识产权保护工作不仅仅在于履行法定职责、切实保护权利人的权利,也不仅仅在于履行政府承诺函中向迪士尼公司承诺的知识产权保护义务,其重要意义还体现在以下三个方面。

第一,做好项目相关知识产权保护工作有利于维护项目控股的国有资本的利益。就上海迪士尼乐园项目的两家业主公司而言,作为中方代表的国有企业上海申迪旅游度假开发有限公司持有业主公司57%的股份,作为迪士尼方代表的境外企业 W. D. Holdings(Shanghai)持有业主公司43%的股份。上海迪士尼乐园项目是一个中外合作、国资控股的项目,保护上海迪士尼乐园项目相关知识产权也保护了国有资本作为项目控股方的利益。

第二,做好项目相关知识产权保护工作有利于树立开展相关保护工作的标杆。上海迪士尼乐园项目作为以开放促改革的创新实践的生动体现，如习近平主席在盛大开园时发来的贺信中所指出的，其"展现了跨越文化的合作精神和顺应时代的创新思维"。同时，迪士尼公司也是全球范围内倡导和引领创新、保护和运用知识产权的领军企业，以上海迪士尼乐园项目知识产权保护作为聚焦点，能够为相关部门运用创新思维开展知识产权保护工作提供借鉴和指引。

第三，做好项目相关知识产权保护工作有利于营造良好的知识产权保护环境。目前，上海正加快建成具有全球影响力的科技创新中心，在这一过程中，构建知识产权大保护、快保护格局，完善知识产权保护的体制机制的重要性不言而喻。就备受瞩目的上海迪士尼乐园（以下简称迪士尼）项目而言，做好相关的知识产权保护工作对于营造良好的知识产权保护环境具有显著意义，有助于借助此代表性项目鼓励和集聚创新。

二、背 景

在知识产权保护实践中，我国形成了行政保护和司法保护"两条途径、并行运作"的知识产权保护模式，行政保护与司法保护相互衔接，相辅相成，共同构筑了我国知识产权保护体系。调解仲裁具有快速便捷成本低的优势，是解决知识产权纠纷的重要方式。充分发挥仲裁机构、行业协会、调解中心、知识产权中介服务等机构协调解决相关知识产权纠纷的积极作用，总结升华民间保护和行业自律的经验教训，是知识产权保护的体系构建的重要内容。社会监督能从源头上提高公众尊重他人知识产权的意识、增强权利人知识产权保护信心、监督知识产权司法机关和行政机关依法保护知识产权，能形成尊重知识产权、崇尚创新创作的社会文化。因此，在知识产权强国建设的背景下，司法保护、行政保护、调解仲裁、社会监督"四轮驱动"的知识产权大保护、快保护模式，切合我国知识产权保护的现实需要，具有坚实的现实基础。

严格快速、多元有效地实施知识产权保护，是上海自由贸易试验区建设、科创中心核心功能区建设等各项重点工作对知识产权保护提出的切实需求。浦东新区知识产权"三合一"以来,按照严格知识产权保护的客观要求,在发挥司法保护主导作用的同时,进一步加强行政保护和司法保护的联动,积极推动调解、仲裁等纠纷解决模式,通过宣传引导、协作联动推动市场主体参与知识产权保护工作,在已有的知识产权保护快速反应机制、知识产权纠纷多元解决机制的基础上,形成了"四轮驱动"的知识产权大保护、快保护工作模式。

三、举 措

(一) 强化行政保护与司法保护的协作联动

1. 主要举措

浦东知识产权局与浦东法院、浦东检察院建立行刑衔接工作机制,设立"命名检察官办公室";浦东知识产权局与浦东公安分局实现知识产权行政执法与刑事侦查的无缝衔接,形成"线索共享、手段互补、执法联动"的行刑协作机制;浦东知识产权局与浦东市场监管局在商标及相关权利的保护方面建立工作机制,实现举报、投诉、处理及日常检查执法信息的互联互通、执法联勤联动。此外,浦东知识产权局与上海市知识产权局、上海市文化执法总队等市级机关,建立信息共享和执法联动机制,实行举报、投诉处理及日常检查执法的协作联动。

2. 迪士尼实践

(1) 行政与司法对接协作

2016年6月,浦东知识产权局与浦东人民法院、检察院和公安分局形成了"关于加强迪士尼知识产权保护工作的会议纪要",共同探索互动协同保护迪士尼知识产权工作模式,力求建立信息互通、工作互动、执法协同、快速处置的迪士尼相关知识产权保护长效机制,助推度假区长期平稳运行与发展(见图12)。

图12　浦东知识产权局与浦东法院、
张江管委会签订行政和司法保护合作协议

针对迪士尼知识产权保护，浦东知识产权局积极与浦东法院、检察院、公安分局等司法部门的横向对接和协作，建立线索分析、案件调查、民行对接、行刑对接的全方位行政司法联动，形成"线索共享、手段互补、保护联动"的行政司法协作机制，打通了行政与司法之间案前分析、案中移送、案后指导的体制壁垒，强化了知识产权保护的威慑力，提高了知识产权综合行政执法效能。

（2）行政执法联勤联动

2016年4月，浦东知识产权局与浦东市场监督管理局形成了"关于加强迪斯尼相关权利保护联勤联动机制工作方案"，以"高度重视，形成常态机制；信息沟通，形成线索共享；创新模式，形成浦东特色"为联勤联动工作目标，进一步深化浦东新区知识产权监管执法联勤联动机制，切实提升迪士尼相关权利保护的行政效能。

联勤联动机制工作方案明确了各自的重点监管执法内容、建立了联席会议制度和联络员制度、确定了联勤联动机制的主要内容。例如，工作方案明确了知识产权局加强对迪士尼注册商标专用权的保护，市场监管局加强在迪士尼领域的假冒厂名厂址、未经强制性产品认证等质量违法违规行为以及不正当竞争、虚假宣传等违法行为的查处力度。

(二) 加强知识产权行政保护

1. 主要举措

不断完善案件投诉举报受理处理流程和操作机制，形成统一、规范的专利、商标、版权侵权投诉举报受理指南和操作指南，规范受理流程、受理要求、内部流转程序；聚焦迪士尼等重点区域知识产权保护，深入持续开展"双打"专项整治，加大对假冒专利、商标侵权和著作权侵权行为的打击力度。

2. 迪士尼实践

(1) 落实上级要求，预先理论研究

浦东知识产权局高度重视迪士尼知识产权保护，认真落实国家工商行政管理总局、上海市工商局关于开展迪士尼商标保护工作的要求，进一步深化浦东新区知识产权综合执法体制改革，加快建立健全资源整合、权威高效的知识产权综合执法体制机制，充分整合优化保护资源，形成司法保护、行政保护、仲裁调解、社会监督"四轮驱动"的知识产权大保护、快保护格局，切实提升迪士尼商标保护的行政效能。

同时，会同上海大学知识产权学院和申迪公司，组织开展"迪士尼乐园及周边区域知识产权保护"专题研究，从理论到实务，全面梳理迪士尼知识产权行政保护范畴、边界及重难点问题，理清迪士尼知识产权侵权类型、表现形式及对策措施，为建立迪士尼相关知识产权保护的快速反应机制和为驻区知识产权执法人员准确快速开展监管和保护工作提供理论基础。

(2) 派驻驻区队伍，共建快速反应体系

浦东知识产权局制定《关于上海国际旅游度假区知识产权保护工作方案》，并克服人手紧缺的现实困难，在2016年2月底组建了由8名干部组成的迪士尼园区知识产权执法队伍，3月举办培训班对驻区干部和迪士尼知识产权保护工作相关人员开展针对性业务培训。该8名干部已于5月正式驻区监管执法，充实了一线执法力量，根据度假区管委会整体综合执法工作方案，按照度假区"前台共管、后台分流"的工作方式全力保障迪士尼试运行和开园，营造核心区域良好知识产权保护氛围。驻区干部在综合执法办的统筹协调下每天对度假区核心区域进行巡查，负责接收投诉和举报，截至目前并未发现大规模的侵权情况，总体情况良好。

（3）开展集中整治，形成高压保护态势

浦东知识产权局根据市工商局工作要求，在迪士尼开园前和十一"黄金周"之前联合公安、市监、城管等部门，组织了多次针对重点区域、重点市场的集中知识产权整治行动，严查涉嫌侵犯知识产权的行为，形成了高压态势，确保在一些涉嫌侵权行为高发的市场没有侵犯迪士尼商标权的经营行为发生（见图13）。

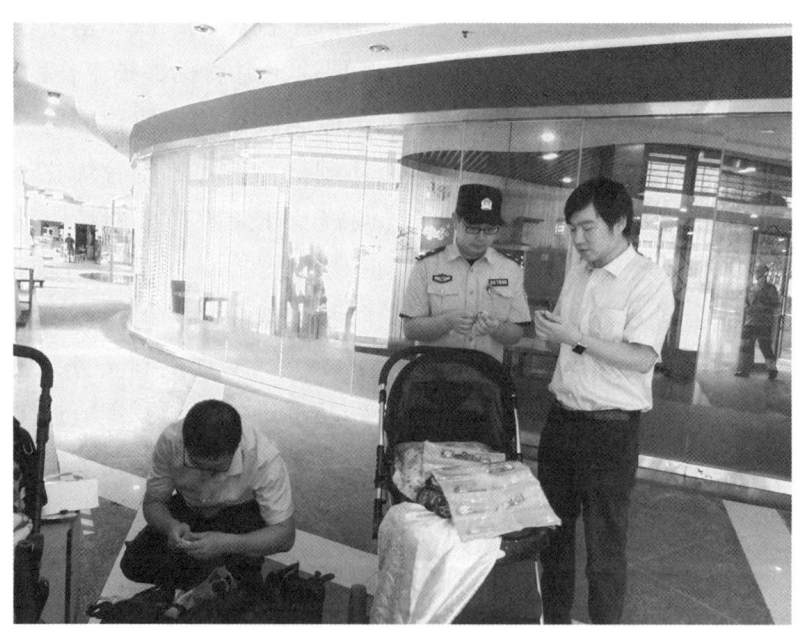

图13 与公安、市场监管局等联合在亚太盛汇开展知识产权执法

（三）构建知识产权纠纷多元化解决机制

1. 主要举措

推动建立人民调解、商事调解、行业调解、行政调解等知识产权纠纷多元调解工作体系。

在人民调解方面。浦东知识产权局与浦东法院推动建立知识产权诉调对接工作机制；做实浦东新区知识产权纠纷人民调解委员会的调解功能；推动在计算机、商联会等行业协会成立知识产权人民调解委员会；推动在新国际博览中心等知识产权纠纷集中发生地设立知识产权人民调解工作室。目前，人民调解已经成为化解知识产权纠纷的有益补充。2016年，通过人民调解成功化解各类知识产权纠纷57件，其中不乏社会关注度高、标的额大的案件。例如，通过人民调解方式化解的 iFit! 商标纠纷实现了 iFit! 商标在当事双方之间的转让，金额高达90万元。2017年前5个月，又成功调解各类知识产权纠纷87件，其中展会知识产权纠纷61件。

在商事调解方面。在自贸试验区引入相关商事调解组织、行业协会，建立自贸试验区商事纠纷特邀调解组织名册，建立司法与非诉讼纠纷解决的对接平台。目前已有上海市经贸商事调解中心、中国国际商会上海市调解中心、上海市文化创意产业法律服务平台知识产权调解中心等8家调解机构入驻自贸区。

积极推进与浦东法院、第三方机构的知识产权纠纷调解机制，建立了浦东新区行政、司法和人民调解的"三调联动"。与浦东法院共同建立知识产权诉调对接工作机制，建立知识产权人民调解机制，成功举办第一批浦东新区人民解调员培训班，有32位人民调解员取得了上岗证，正式启动知识产权纠纷人民调解机制。"三调联动"有效拓展了除传统行政处罚手段以外的多种途径来处理商标纠纷，提高了行政效率。

2. 迪士尼实践

2016年，以人民调解方式成功实现1天内化解6件涉及迪士尼商标侵权案件，既快速有效地解决纠纷，又符合权利人友善方式解决纠纷的愿望，得到了迪士尼知识产权权利人的充分肯定（见图14）。

图14　组织开展知识产权专项检查

（四）鼓励市场主体参与知识产权监管

1. 主要举措

依托知识产权侵权案件多发易发的商品市场、专业市场管理机构，建立维权保护基层联动工作站和定期例会制。例如，在奕欧来购物村、振东汽配城等建立了维权保护基层联动工作站，合作搭建密集监管、协查配合、长期沟通的知识产权保护基层单位联动平台。后续将探索构建知识产权重点保护地图，逐步形成政府与社会群众共同监管、共同保护的模式。

2. 迪士尼实践

为鼓励迪士尼权利人参与知识产权保护监督，把握迪士尼知识产权保护诉求，浦东知识产权局与迪士尼运营方建立了定期例会制度，通过例会通报知识产权保护的相关信息和情况，听取知识产权保护诉求。

为营造浦东新区良好的知识产权环境，保障上海迪士尼乐园顺利开园，服务上海国际旅游度假区的持续发展，浦东知识产权局联合浦东商务委（打击侵犯知识产权和制售假冒伪劣商品工作联席会议办公室）、上海市公安局城市轨道交通分局等部门在科技馆地铁商圈举行"迪士尼知识产权保护工作培训会"。会议要求：科技馆地铁商圈由于商户多、客流多，知识产权关注度也高，要提高认识，高度重视迪士尼知识产权保护工作；抓住契机，营造良好知识产权市场氛围；形成合力，加强知识产权保护监管执法力度；市场管理方和广大经营户，要自觉尊重知识产权，不断提高知识产权意识；要严格落实经营自律，努力防范知识产权风险；要切实履行管理责任，着力营造知识产权市场环境。同时，还就《迪士尼企业公司及其知识产权介绍》进行主题培训，详细讲解了"迪士尼"知识产权的主要类型、表现形式和侵权责任等内容。

四、效 果

截至2016年年底，浦东知识产权局共接到涉嫌侵犯"Disney"注册商标和版权投诉9件，立案查处3件，没收侵权物品727件，其中网络案件1件。另有6件投诉，经双方申请，通过人民调解方式于1天内得到了妥善解决。集中整治行动累计出动人员181人次，查处375户店铺，有效威慑了知识产权侵权行为。浦东新区知识产权"四轮驱动"大保护模式所形成的知识产权纠纷多元解决机制、人民调解与行政保护相结合的快速处置机制以及联勤联动快速反应机制，已显现初步成效，得到了迪士尼公司的充分肯定，也为知识产权局有效开展迪士尼运营后知识产权保护工作奠定基础。

"四轮驱动"大保护模式的运行实现了迪士尼知识产权保护的四个工作目标：一是迪士尼权利人的重点商标、重点商品和服务得到全面保护；二是主要区域和环节侵犯迪士尼注册商标专用权行为得到有效遏制；三是基本杜绝在辖区主要互联网平台上大规模出现侵犯迪士尼注册商标专用权行为；四是逐步形成跨部门、跨区域的联勤联动、协同保护机制。

五、意 义

浦东新区知识产权局的专利、商标、版权"三合一"综合行政管理执法体制打破了专利、商标、版权行政执法之间的"墙"，融合了原知识产权局、市场监管局和版权局的行政执法职能，有效提高了知识产权行政执法效率，有利于建立知识产权纠纷多元解决机制、快速处置机制和联动联勤机制。以迪士尼知识产权保护为例，迪士尼知识产权品牌影响大、知识产权种类多、数量庞大，具有典型的综合性。知识产权侵权行为往往是商标权、著作权的复合型侵权（例如，2017年2月浦东知识产权局查处的迪士尼小熊维尼钥匙挂件商标侵权和著作权侵权案），还会涉及城市管理违法、虚假宣传违法、产品质量违法。知识产权行政保护的复杂性和执法主体的交叉性，必然会导致传统的部门分割分散执法出现效率不高、效果不佳的问题。专利、商标、版权的"三合一"综合行政管理体制的创设，为司法保护、行政保护、仲裁调解、社会监督"四轮驱动"的知识产权大保护、快保护模式奠定了基础、提供了保障。

（执笔人：许春明教授，上海大学知识产权学院院长）

【专家点评】

本案例以较为成功的"迪士尼"项目中的知识产权保护为核心，在强调知识产权强国建设及浦东新区知识产权行政管理方面将专利、商标、版权"三合一"试点背景下，分析和论证了司法保护、行政保护、调解仲裁、社会监督"四轮驱动"的具体措施及知识产权大保护、快保护的重大启示意义；在保护模式方面，它体现了较强的创新性，对我国其他项目或领域的知识产权保护具有深远影响和标杆作用。

该案例结合知识产权保护的复杂性、涉及问题的多样性及主体的多元性等特征,就知识产权保护的政策举措紧紧围绕浦东新区知识产权局知识产权行政管理"三合一"试点在迪士尼项目中积极作用和落实,从多个角度展开论述和论证,点明了知识产权保护制度改革的方向,体现出其典型性、代表性和示范性。案例中采取的主要措施有浦东知识产权局与浦东法院、浦东检察院、浦东公安局建立行刑衔接工作机制,与浦东市场监管局在商标等保护方面建立合作工作机制,加强协作。这些措施具体表现为:强化行政保护与司法保护协作联动,做到行政与司法对接协作、行政执法联勤联动;加强知识产权行政保护,不断完善案件投诉举报受理处理流程和操作机制,规范受理流程、受理要求、内部流转程序,聚焦重点区域知识产权保护,深入持续开展"双打"专项与集中整治,做到理论研究先行,派驻驻区队伍,共建快速反应体系,形成高压保护态势;构建知识产权纠纷多元化解决机制,推动建立人民调解、商事调解、行业调解、行政调解等知识产权纠纷多元调解工作体系;鼓励市场主体参与知识产权监管,依托知识产权侵权案件多发易发的商品市场、专业市场管理机构,建立维权保护基层联动工作站和定期例会制等。

上述措施奠定了"迪士尼"项目中知识产权有效保护的基础,收到了预期效果,对"迪士尼"项目在中国的成功运营起到了积极推动作用。这一"四轮驱动"的保护模式,迎合了当下知识产权保护的趋势及其提出的要求,对通过"三合一"方式加强知识产权保护在全国更广范围内推行起到了垂范先行的作用。

(点评人:马忠法教授,复旦大学知识产权研究中心常务副主任)

知识产权执法"三合一"打击侵权方便快速有效

——小熊维尼钥匙挂件复合侵权行政处罚案

一、引　子

当事人上海家昌旅游文化发展有限公司主要从事工艺礼品批发零售活动。案发前，当事人以 0.1 元/件购入了一批标有"DISNEY"商标的小熊维尼钥匙挂件，并以 0.5 元/件对外进行批发销售，2017 年 2 月 24 日被上海市公安局浦东分局查获并移送浦东新区知识产权局，被查获的上述钥匙挂件共计 859 件经权利人的代理人北京万慧达知识产权代理有限公司鉴定为侵权商品。当事人违法经营额合计为人民币 429.5 元。

当事人以营利为目的，擅自销售未经著作权人许可制作的与 Winnie the Pooh（维尼熊）立体造型美术作品相同的小熊维尼钥匙挂件的行为，侵犯了著作权人迪士尼企业公司对 Winnie the Pooh（维尼熊）立体造型美术作品享有的著作权。当事人以低价批发、零售上述侵权的小熊维尼钥匙挂件，不仅扰乱正常的市场交易秩序、损害社会公共利益，同时还构成了《中华人民共和国著作权法》第 48 条第（一）项："未经著作权人许可复制、发行……通过信息网络向公众传播其作品"所指的行为。

同时，当事人销售的小熊维尼钥匙挂件上标有的"DISNEY"商标与商标权利人迪士尼企业公司所有的注册商标相同，并且使用在同种商品上。当事人的上述行为构成了《中华人民共和国商标法》第 57 条第（三）项"有下列行为之一的，均属侵犯注册商标专用权；……（三）销售侵犯注册商标专用权的商品的；……"所指之行为。

当事人的侵权行为同时违反了《中华人民共和国著作权法》及《中华人民共和国商标法》之相关规定，根据《中华人民共和国著作权法实施条例》第36条及《中华人民共和国商标法》第62条第2款之规定，责令当事人停止侵权行为，并处罚如下：①没收未售出侵权的标有"DISNEY"商标的小熊维尼钥匙挂件859件。②罚款人民币贰仟伍佰元整。

二、背　景

长期以来，除去海关系统以外，我国专利、商标和版权的知识产权行政执法的执法机构主要可以分为三大系统：知识产权系统、工商行政系统、版权管理系统（部分省市的版权执法归属于文化执法系统）。知识产权系统主要是指以国家知识产权为首，地方各级知识产权局为中坚的知识产权管理机构。工商行政系统的执法机构主要是指国家工商行政管理总局商标局、反垄断与反不正当竞争执法局，以及其地方各级工商行政管理机构的对应处室。版权管理系统是由国家版权局和地方各级版权局共同组成。文化执法系统主要是指各级文化市场综合执法机构，根据属地管辖，承担着版权执法的责任。虽然我国知识产权行政执法水平已有显著的提升，但是，总体上我国知识产权行政执法仍旧存在很多不足之处。

1. 当前知识产权行政执法机构设置分散

我国的知识产权行政执法机构设置过多且分散，职能部门复杂、交叉。它们分属于不同的政府机关，且相互之间没有从属关系，形成了分散化的执法模式。这种"多头管理""条块分割"的模式表面上面面俱到，实则削弱了知识产权行政执法的效力。

2. 当前知识产权行政执法机构设置不均衡

我国当前的知识产权行政执法机构设置不均衡。从执法机构及其机构的职能设置上，现有的知识产权行政执法系统偏重于商标的行政执法，版权其次，专利的行政执法最弱。三者的知识产权行政执法人员、经费投入不平衡：商标行政执法相比而言占据主导地位，具有较强的执法能力，人员和经费的投入远大于其他执法机关，其他执法机构都受到一定的限制。

3. 权利人寻求知识产权执法救济不便捷

从知识产权权利人角度来说，通常情况下，当权利人遭遇知识产权侵权或纠纷时，无法找到一个权威的行政执法机关，有时不得不求助于多个政府部门，可谓是"钻行政迷宫"，造成了许多不必要的困扰和麻烦，降低了知识产权行政执法的效率。尤其是当数种知识产权违法或侵权行为同时出现，或者权利人遭遇复合式侵权时，知识产权权利人有时无法准确地判断从专利、商标、版权哪个角度来维权更合适或更有效，甚至无法找到一个便捷高效的行政救济途径，从而大大提高了权利人的维权成本。

随着社会经济的发展，专利、商标、版权等各知识产权领域之间的交叉和融合程度日趋提高，各知识产权行政执法机构之间联合与协作执法的次数虽有显著增加，但是协作执法缺乏统一协调性，没有统一的工作机制，也没有法律保障。在此背景下，急需进行知识产权综合管理改革探索，集中和整合呈条块分割的知识产权行政执法资源，为快速有效打击侵权行为，营造良好的投资环境提供有力保障。

国务院 2016 年 12 月发布的《知识产权综合管理改革试点总体方案》（国办发〔2016〕106 号）指出，"按照推进综合执法的要求，减少层次，提高效率，有效避免多层次多头执法。按照实行严格的知识产权保护的要求，结合综合行政执法体制改革，整合优化执法资源，统筹知识产权综合行政执法，避免出现版权执法的重复交叉。"

新组建的浦东新区知识产权局，一方面整合了区级层面的专利、商标职能，另一方面承接了市级层面下放的专利和版权行政管理和执法职能，成为集专利、商标、版权于一身，兼具行政管理与执法职能的独立的知识产权局，实现了区域知识产权管理和执法体制由分散、单一向综合、整体转变。实践证明，通过对专利、商标、版权综合管理，有效破解了原来"九龙治水"的多头监管困局，逐渐形成综合、高效的知识产权保护运行模式。

三、效　果

（一）浦东新区"三合一"行政执法，有利于快速有效的打击知识产权违法侵权行为

浦东新区"三合一"之后，对于专利、商标、著作权实行统一的综合管理和行政执法，可以快速有效地打击知识产权违法侵权行为，维护市场经营秩序，遏制知识产权侵权的泛滥现象。

知识产权已成为经济发展的战略性资源和国际竞争的核心要素和核心手段。像迪士尼企业公司就是集专利、商标、著作权等各类知识产权于一体的企业。本案中涉及的 Winnie the Pooh（维尼熊）立体造型美术作品，迪士尼企业公司于1983年4月25日在美国版权局进行了著作权登记；"**DISNEY**"商标是迪士尼企业公司于2013年10月15日在中华人民共和国国家工商行政管理局商标局注册的，注册有效期限至2023年10月27日，核定使用商品是第14类中的钥匙圈（小饰物或短链饰物）。

在此案的执法过程中，浦东新区知识产权局与浦东新区公安局、浦东新区市监局协同办案，第一时间控制当事人，并联系著作权及商标权权利人迪士尼企业公司，及时固定关键证据，迅速查清事实，准确定性，依法处理，成功办结案件。

本案执法过程中的经验表明，浦东新区"三合一"行政执法工作有利于实现知识产权行政救济、合理调配行政和执法资源、提高行政保护效率、增强知识产权专业执法队伍建设、加强行政保护综合效能、完善我国知识产权保护制度。

（二）浦东新区"三合一"行政执法，有利于贯彻公平公正、过罚相当的立法原意

浦东新区知识产权综合行政执法，更有利于贯彻公平公正、过罚

相当的立法原意。以前述的案件为例,本案当事人以营利为目的,擅自以低价销售未经著作权人许可的与 Winnie the Pooh(维尼熊)立体造型美术作品相同的小熊维尼钥匙挂件的行为,侵犯了著作权人迪士尼企业公司对 Winnie the Pooh(维尼熊)立体造型美术作品享有的著作权,同时损害社会的公共利益。当事人销售的小熊维尼钥匙挂件上标有的"DISNEY"商标与商标权利人迪士尼企业公司注册商标相同,并且使用在同种商品上,侵犯了商标注册权人迪士尼企业公司的注册商标专用权。本案当事人的违法行为同时构成了《中华人民共和国著作权法》第 48 条及《中华人民共和国商标法》第 57 条所指之行为。当事人实施的一个行为(销售)同时构成了两个违法行为,侵犯了两个权利,在这种情况下该如何处理呢?

随着我国知识产权数量的不断上升,在基层知识产权行政执法过程中,出现一个违法行为侵犯两个甚至多个知识产权权利的情况,即"想象竞合"的情况将会越来越多,而如何正确使用"想象竞合"理论处理知识产权侵权违法行为势必成为当前亟须探索的新课题。在本案中,当事人未经著作权人许可,销售侵犯著作权人复制权的商品,同时损害公共利益的行为,根据《中华人民共和国著作权法》第 48 条❶和《中华人民共和国著作权法实施条例》第 36 条❷予以行政处罚,故处以人民币 2500 元的罚款。当事人销售侵犯注册商标专用权商品的行

---

❶ 《中华人民共和国著作权法》第 48 条"有下列侵权行为的,应当根据情况,承担停止侵害、消除影响、赔礼道歉、赔偿损失等民事责任;同时损害公共利益的,可以由著作权行政管理部门责令停止侵权行为,没收违法所得,没收、销毁侵权复制品,并可处以罚款……(一)未经著作权人许可,复制、发行、表演、放映、广播、汇编、通过信息网络向公众传播其作品的,本法另有规定的除外……"

❷ 《中华人民共和国著作权法实施条例》第 36 条"有著作权法第 48 条所列侵权行为,同时损害社会公共利益……没有非法经营额或者非法经营额 5 万元以下的,著作权行政管理部门根据情节轻重,可处 25 万元以下的罚款。"

为，根据《中华人民共和国商标法》第60条❶之规定予以行政处罚。"DISNEY"商标是涉外商标，查获的侵权商品共计859件，参照《上海市工商行政管理局关于侵犯注册商标专用权行为行政处罚裁量基准》❷之规定予以处罚裁量，故处以违法经营额三倍（人民币1288.5元）的罚款。综合考量当事人的违法事实、自由裁量理由和相关处罚依据，以违法行为与行政责任相适应为原则，责令当事人停止侵权行为，并依照择一重处原则处罚（处以人民币2500元的罚款），充分体现了公平公正、过罚相当的立法原意。

事实上，也正是因为浦东实现了专利权、商标权、著作权"三合一"综合管理和行政执法，才有可能一并对侵犯两个甚至多个知识产权权利的违法行为进行查处，并依照择一重处原则。

（三）浦东新区"三合一"行政执法，有利于满足权利人复合型知识产权保护的需求

随着知识产权的交叉融合，越来越多的权利人是跨领域的。很多企业往往同时拥有专利、商标、著作权等多项知识产权，在未实现"三合一"改革之前，专利权、商标权、著作权等知识产权管理较为分散，分属知识产权局、工商行政管理局、版权局管理，知识产权权利人要想实现知识产权维权诉求，要跑三个地方，而且每个管理部门都有不同的要求和流程，知识产权权利人要花费大量的时间与相关部门进行沟通，维权过程中因多头管理、互不衔接、行政执法和知识产权权利人维权程序冗杂、错过最佳打击侵权行为时间，给知识产权权利

---

❶ 《中华人民共和国商标法》第60条"……工商行政管理部门处理时，认定侵权行为成立的，责令立即停止侵权行为，没收、销毁侵权商品……没有违法经营额或者违法经营额不足五万元的，可以处二十五万元以下的罚款。……"

❷ 《上海市工商行政管理局关于侵犯注册商标专用权行为行政处罚裁量基准》（沪工商标〔2015〕239号）"……三、裁量适用情形……（二）具有下列情形之一的，处以违法经营额三倍以上不满五倍的罚款：1. 查获侵权商品500件以上的；……3. 被侵犯的商标为著名商标、地理标志、涉外商标的；……"

人正当的商业运营造成很大的经济影响。

浦东新区知识产权行政执法覆盖商标、专利和版权，大大便利了权利人。最典型的就是迪士尼，在行政保护过程中经常遇到复合型知识产权保护的需求，从投诉渠道和权益保护上，现有的"三合一"行政执法模式明显比以前方便的多。不必像以前那样到三个部门去，大大方便了权利人。

此外，浦东新区知识产权"三合一"行政执法，为权利人节约了宝贵的时间及维权成本，给知识产权权利人正常的经营活动带来信心和保障，形成良好的社会效应。同时，浦东新区"三合一"体制对知识产权司法保护体系也起到有效的补充作用。

（执笔人：袁真富副教授，上海大学知识产权学院副院长）

【专家点评】

目前我国现行的法律体系是专利、商标、版权分别由知识产权局、工商总局和版权局主管。这种过于细化的跨部门管理给权利人和市场主体造成了不便。浦东新区"三合一"知识产权综合管理改革满足了权利人的要求，顺应了市场经济的发展，大大加强了知识产权的保护力度。

知识产权综合管理改革对市场经济和创新发展的促进作用主要有以下几点：（1）极大地方便了权利人，权利人找到一个执法机构就能解决与专利、商标及版权有关的侵权问题。（2）有利于节约行政和司法成本，专利、商标、版权侵权的条件和形态各不相同，且很多时候还有竞合的问题，同一个机构管辖有利于更好地解决问题。（3）有利于建立更为公平、高效的保护体系，为大众提供有利支持，促进知识产权强国的建设。

目前进行的行政管理体制综合改革试点，将专利、商标、版权三权统一起来，这是符合市场经济发展要求，也是十八大以来一直强调的让市场在资源配置中起决定性作用并更好地发挥政府作用的一个重要体现。建立一个综合的执法机构，对专利、商标、版权集中统一执法，并建立一致的执法标准，这是非常必要的。当然，单从产业需求上讲，建立一个集创新和知识产权的综合管理部门是企业最欢迎的，可以从创新源头、创新过程、创新成果以及成果转化进行管理和服务。

（点评人：杨旭日，北京强国知识产权研究院院长）

整合优化保护资源　多元化解知识产权纠纷

——知识产权纠纷多元解决机制构建

一、引　子

2016年3月17日，浦东新区知识产权局接到一家四川公司的诉请，遭诉请的是一家美国公司在浦东新区自贸区全资注册的子公司，诉请的理由是这家子公司在中国境内售卖的健身器材产品中所安装的软件"iFit!"，涉嫌侵犯了四川公司的注册商标专用权。

浦东新区知识产权局经过调查后发现，四川公司是"iFit!"商标在我国商标第9类上的商标专用权人，被反映的那家美国子公司及其美国母公司虽然在我国商标的第3、5、28、29、30、32、41类上都取得"iFIT"的商标专用权，但是恰恰没有在第9类的相关商品上取得"iFit!"商标的注册。

四川公司和美国公司之间发生的关于"iFit!"商标的纠纷，是我国由于"互联网+"经济发展后出现的一类新型案件。当前，一些传统生产企业为适应市场消费和技术发展的需要，纷纷采用包括软件、APP等在内的智能化手段与传统产品相结合的方式，向公众提供更多更好的增值服务。美国公司是一家生产健身器材的公司，这次引发的争议，就是公司在生产的跑步机上配套使用了"iFit"软件，涉嫌侵犯四川公司的注册商标权。由于案情新，没有类似判例或指导性意见可为参考，直接通过行政处罚程序来解决纠纷，可能使得行政机构面临累讼的法律风险，浦东新区知识产权局在向双方当事人了解情况时发现，诉请双方都有通过调解来解决商标纠纷和转让商标的意愿，于是在充分遵循双方意愿的情况下，该诉请被移送至浦东新区版权纠纷人民调解委员会进行调解。但调解一上来就遇到一个棘手问题，本案的一方当事人是一家在浦东新区自贸区注册的美国子公司，而需要与四川公司谈判，受让商标的则是他们的美国母公司，特别是作为争议当事人的四川公司和美国母公司均与浦东新区自贸区没有直接关系，因此，浦东新区版权纠纷人民调解委员会是否有权管辖，进而开展跨域调解成为本次调解的关键。这时，涉案的四川公司和美国子公司均表示，它们希望可以用调解方式来彻底解决这一纠纷，并一致要求浦东新区的人民调解组织能够受理它们的调解申请，帮助它们尽快达成协议，并保证将无条件执行。2016年7月13日，浦东新区版权纠纷人民调解委员会正式收到并受理了这两家公司的人民调解申请书，由一名退休的法官担任人民调解员，调解员在调解中，运用丰富的争议处理经验，高效、快速地开展了相应的工作。经过各方努力，最终诉请双方以13.5万美元的价格，就四川公司所持有的2个"iFit!"商标达成转让协议，签署了人民调解协议书。

这起由非在浦东新区注册的外国公司和外省市公司主动要求通过人民调解来解决商标争议的案件，不但是浦东新区第一例涉外知识产权纠纷的人民调解案件，也是浦东新区积极探索知识产权"三合一"体制下，运用多元纠纷解决机制，通过包括人民调解形式在内的各种新方式，快速、有效解决知识产权纠纷的典型案例，为知识产权纠纷当事人提供了一种新的可供选择的纠纷解决途径。

二、背　景

随着知识产权在国内外经济活动中地位的不断提升，社会各界对其重视程度也在日益提高。一直以来，我国知识产权领域实行以"司法保护为主，行政保护为辅"的双轨制保护模式，但近年来，由于各类知识产权纠纷数量的大幅攀升，一味使用包括司法、行政资源内在的公共资源来解决数量不断增多的知识产权纠纷，既不符合工作实际，也不符合国际惯例。因此在司法和行政保护制度之外，探索其他的有效解决纠纷的途径和方式，尝试以仲裁、调解、和解等替代性纠纷解决方式来解决知识产权纠纷就自然被提上了日程。在知识产权纠纷中，主体和权利类型多样化，法律关系复杂化，需求侧重个体化，这些特点对知识产权纠纷的解决提出了专业性、时效性等诸多条件的要求。在司法、行政保护的基础上，探索建立包括调解、仲裁、和解等方式在内的知识产权纠纷多元解决机制，可以充分实现该机制的灵活性、对抗性低、效率高等诸多优势。

建立知识产权纠纷多元解决机制，一是符合知识产权的权利属性要求。知识产权是一项私有财产权，以往过渡依赖司法、行政等公权力的保护模式，从某种程度上来说已经超越了合理程度，甚至可能模糊了政府部门的真正的职能。二是符合国家立法本意。无论是《民法总则》还是各项知识产权单行法，协商等方式一直都是得到肯定的纠纷解决方式。例如，我国《商标法》第 60 条就规定，"……侵犯注册商标专用权行为之一，引起纠纷的，由当事人协商解决；不愿协商或者协商不成的，商标注册人或者利害关系人可以向人民法院起诉，也可以请求工商行政管理部门处理。"协商和解等方式甚至是优先于诉讼和行政保护的纠纷解决方式。三是符合国家政策导向。2015 年 12 月，《国务院关于新形势下加快知识产权强国建设的若干意见》（以下简称《意见》）（国发〔2015〕71 号）发布，《意见》提到"推动相关国际组织在我国设立知识产权仲裁和调解分中心"等措施，建立知识产权的对外合作机制。2015 年 4 月，《国务院关于印发进一步深化中国（上海）自由贸易试验区改革开放方案的通知》（国发〔2015〕21 号）的第 11 条首次提出了在中国（上海）自贸区"推动权益保护制度创新。完善专利、商标、版权等知识产权行政管理和执法体制机制，完善司法保护、行政监管、仲裁、第三方调解等知识产权纠纷多元解决机制，完善知识产权工作社会参与机制。" 2016 年 11 月，《中共中央 国务院关于完善产权保护制度依法保护产权的意见》提到了要"更好发挥调解、仲裁的积极作用，完善产权纠纷多元化解机制"。而 2017 年 3 月发布的《国务院关于新形势下加强打击侵犯知识产权和制售假冒伪劣商品工作的意见》，特别提到"强化社会组织的自治功能，探索建立社会组织调解处理知识产权纠纷制度",充分体现了政府对建立知识产权纠纷多元解决机制的支持态度。四是符合国际惯例。国际上知识产权纠纷通过商事仲裁方式来解决是较为常见的做法。国发〔2015〕21号《国务院关于印发进一步深化中国（上海）自由贸易试验区改革开放方案的通知》中就曾提到，"进一步对接国际商事争议解决规则，优化自贸试验区仲裁规则，支持国际知名商事争议解决机构入驻，提高商事纠纷仲裁国际化程度。"因此，在多元纠纷解决机制中，运用调解等方式来解决知识产权涉外纠纷能起到很好的沟通交流作用。五是符合我国文化传统。调解作为一项争议解决方式在我国有着深厚的文化基础。调解不仅迎合了我国民众厌诉、息诉的传统文化，而且从最终效果上讲，调解方案能够在实惠、合理的基础上，最大限度地尊重争议各方的意愿，因此也更加能够得到理解和接受，从而在一定意义上实现知识产权的利益平衡。

建立知识产权纠纷多元解决机制，实现司法诉讼、行政处理、仲裁、人民调解、商事调解等各种争议解决方式的有机统一，为实现法律效果、社会效果和政治效果的统一提供了有效的方案。知识产权纠纷多元解决机制不但可以有效分流知识产权案件，而且还能通过这些不同救济方式的有机衔接、相互协调，组成更加专业、便捷、经济、高效的知识产权纠纷预防、控制和解决机制，从而在整体上实现有效保护知识产权的目的。2010年以来，全国人大相继颁布、修改了《人民调解法》和《民事诉讼法》，为将民间调解纳入法制轨道创造了条件。近年来，我国一些地方法院和知识产权行政管理部门纷纷开始探索和实践知识产权纠纷解决创新机制，北京、上海、浙江义乌等地还陆续建立了知识产权纠纷调解机制。例如，2016年，上海市知识产权局、市司法局、市财政局共同出台了《关于本市开展知识产权纠纷人民调解工作的若干意见》，从组织分工、工作机制、人员队伍、工作流程、经费保障等方面对上海开展知识产权纠纷人民调解工作做出了明确部署，并发布了《上海市知识产权纠纷人民调解规则（试行）》，对知识产权纠纷人民调解工作流程进行了规范。

三、举 措

在司法保护和行政保护之外，浦东新区多年来一直致力于探索以民间调解的方式来解决各类知识产权纠纷。早在2007年6月，上海市第一家区级知识产权保护协会——浦东新区知识产权保护协会成立，专门在知识产权领域内为企业提供公共服务。同年11月，该协会成立了国内首个知识产权调解机构——上海市浦东新区知识产权人民调解委员会，开展公益性知识产权民间调解工作。随着人民调解委员会的陆续成立，对化解浦东新区的知识产权纠纷、保障当事人合法权益、维护市场经济和谐发展等都发挥了重要作用。

2015年1月1日，自浦东新区知识产权局正式运行以来，确立了专利、商标和版权"三合一"集中管理体制，初步形成了浦东新区知识产权纠纷多元化解机制框架，建立起了知识产权纠纷快速处理平台。在上海市知识产权局、市司法局的共同领导和指导下，浦东新区知识产权局积极探索和推动知识产权纠纷人民调解试点工作，建立健全了知识产权纠纷人民调解委员会及相关工作机制，建立了一支由知识产权代理人、知识产权律师、退休法官、退休知识产权行政管理人员、高校知识产权专业教师等组成的人民调解员队伍，推动知识产权纠纷人民调解工作取得实效。其中，以浦东新区知识产权人民调解委员会、浦东新区版权纠纷人民调解委员会、浦东新区计算机协会人民调解委员会、浦东新区商业联合会人民调解委员会等多家民间调解组织为基础，建立起的一整套知识产权纠纷人民调解机制，尤具代表性和创新性。

2016年，全年共调解知识产权案件57件，2017年上半年受理113件，调解成功102件，比去年全年翻了将近一番。这一发展态势，反映出人民调解作为一种知识产权调解方式，其社会影响力正在不断提升，对知识产权各方当事人而言接受程度也越来越高。

为了进一步建设和完善知识产权纠纷多元解决机制，根据浦东新区知识产权工作所面临的新形势、新问题，2016年9月，浦东新区知识产权局在实践和调研的基础上，修订了《浦东新区科技发展基金知识产权资助资金操作细则》，进一步加强知识产权维权援助力度，保障知识产权调解工作能够继续顺利、有序地实施和开展，为建立符合浦东新区知识产权局"三合一"机制的知识产权纠纷多元解决机制提供保障手段。

四、效　果

2015年1月1日，浦东新区知识产权局正式运行以来，其所确立的专利、商标和版权"三合一"集中管理体制，为完善知识产权纠纷多元解决机制提供了新思路。

（一）开创了"三合一"下的知识产权纠纷多元解决机制的模式

浦东新区开展知识产权的"三合一"集中管理后，为达到减少层次、提高效率，优化资源，统筹执法的知识产权保护要求，采取了司法保护、行政保护、调解仲裁、社会监督"四轮驱动"的知识产权保护模式，通过构建专利、商标和版权"三合一"的知识产权大保护工作格局，推动建立与创新驱动发展要求相适应的知识产权多元保护的体制机制，特别是在推动建立知识产权的快保护上，取得了良好的效果。例如，设立探索建立知识产权侵权查处快速反应机制，实现知识产权侵权纠纷快速处理和违法行为快速查处；不断完善案件举报投诉受理的处理流程和操作机制，形成统一、规范的专利、商标、版权侵权举报投诉"一口式"受理平台；以人民调解为主导，推动建立商事调解、行业调解、行政调解等知识产权纠纷多元调解工作体系，并与区法院共同推动建立知识产权诉调对接工作机制；在展会等知识产权纠纷高发地设立调解工作室，实现维权关口前移、现场快速处置。2017年6月底前调解成功的102件案件中有65件案件是在展会上发生的，也曾在一天中成功调解了6件与迪士尼相关的知识产权纠纷。正是在"三合一"的集中管理体制下，探索和推动知识产权纠纷多元解决机制，充分发挥了其机制优势，使得包括调解、仲裁、和解等在内的替代性纠纷解决方式成为有效的纠纷解决手段，给知识产权的各方当事人提供了更好维护自己权益的选择项。

(二) 建立了知识产权人民调解纠纷解决机制的形式和内容

浦东新区的知识产权纠纷调解机制中以行政调解和司法调解为基础，引入了人民调解、商事调解、行业调解等调解方式，丰富、完善了知识产权纠纷多元解决机制中不同调解形式的功能性和适用范围，尤以人民调解最具的创新性。当前，浦东新区知识产权人民调解机制主要包括以下三种：一是以政府购买服务的方式，将当事人有意愿调解的知识产权纠纷案件，委托给相关知识产权人民调解委员会来加以解决，最终协商一致达成具有强制执行力的调解协议，保障纠纷的有效处理；二是通过政府的各类保障手段，积极鼓励知识产权人民调解工作的开展，强调以非营利性的手段来支持人民调解这种具有灵活性、时效性的纠纷解决方法；三是设想通过设立基金等金融支持方式，为建立知识产权纠纷人民调解委员会、调解工作室、调解员队伍、调解专家咨询机制等提供长效支持。这些保障措施为构架立体化的知识产权人民调解机制提供了坚实的基础。

(三) 知识产权人民调解机制取得了良好的社会效果

在知识产权纠纷调解机制中（见图15），由于人民调解员的介入，使得知识产权的维权之路可以走得更加畅快，从而赢得了来自社会各方面的支持。例如，在浦东新区自贸区的一起关于平台商标侵权案件中，正是通过了调解中心的人民调解工作，最终使得该电商平台同意分别赔偿了当事人10万元和6万元并得到执行。这一知识产权纠纷通过调解得到平息，前后历时不到一个月，充分表明知识产权纠纷人民调解作为知识产权纠纷多元解决机制之一，可以为权利人提供更多知识产权纠纷解决途径和维权选择，从而有效降低了维权成本。

保护篇

图 15　组织开展知识产权人民调解工作

五、意　义

我国正处在由知识产权大国向知识产权强国迈进的战略机遇期，建立、完善知识产权纠纷多元解决机制，落实知识产权纠纷多元解决机制的配套措施，加强对知识产权纠纷多元解决机制工作的归口管理和业务指导，规范相关规则和流程，加强在多元纠纷解决机制中各种不同纠纷解决手段的配合。例如，加强知识产权纠纷人民调解与知识产权纠纷司法调解、行政调解的有机衔接等，才能充分发挥知识产权纠纷多元解决机制在知识产权保护中的作用。

（一）丰富了知识产权纠纷多元解决机制的具体内容

浦东新区知识产权局在 2015 年所确立的专利、商标和版权"三合一"集中管理体制,有效地整合了知识产权各部门的职能,提高了各部门的服务能力和协调能力。一方面汇聚了浦东新区专利、商标、版权各方监督管理和行政执法的职能,另一方面又承接了上海市有关部门下放的部分管理和执法事权,成为我国首个集专利、商标、版权于一身,兼具行政管理与综合执法职能的知识产权局,特别是随着知识产权纠纷多元解决机制的建立,为了更加有效地服务于所辖区域知识产权保护的各种需求,浦东新区知识产权局正在探索更好提升知识产权纠纷多元解决机制在其中的快保护效果的措施手段,全面构筑知识产权的大保护格局。

（二）形成了可复制、可推广的知识产权保护经验

浦东新区知识产权局大力推进构建知识产权多元纠纷调解机制的相关工作,在理论和实践中探索中,建立实现有限政府、服务政府的有效途径,根据知识产权纠纷的特点,尝试在司法诉讼和行政保护之前设立中间环节和前置程序,根据诉请人的意愿自由,提供包括行政保护、司法保护和由人民调解、商事调解、行业调解、争端仲裁等各种协商和解等替代性争议解决方式组成的不同路径来解决争议,并已在实践中取得了良好的效果。浦东新区的知识产权纠纷多元解决机制为各地建立知识产权大保护、快保护格局,提供了可复制、可推广的经验。

参考文献：

[1] 黑小兵. 知识产权纠纷多元解决机制研究 [EB/OL]. (2016-05-09) [2017-05-04]. 中国法院网, http://www.legaldaily.com.cn/fxjy/content/2016-05/09/content_ 6618563.htm?node = 70692.

[2] 张妮. 知识产权纠纷诉调对接评析 [J]. 知识产权, 2013 (5).

（执笔人：王勉青博士，上海大学知识产权学院教授）

【专家点评】

作为我国改革开放排头兵中的排头兵、创新发展先行者中的先行者，作为全国首家自由贸易试验区的所在地，浦东新区在知识产权保护模式的探索上始终承载着先试先行和探路摸索的使命。

无论是全国首家专利、商标和版权"三合一"管理体制的改革，还是依托知识产权保护协会近10年来所开展的知识产权纠纷调解，浦东新区不断在为全国知识产权保护制度的发展完善积累创新实践、沉淀有益经验。同样重要的是，"三合一"管理体制与纠纷多元解决机制两方面的改革相结合，还可进一步产生叠加效果和乘数效应，使整合高效的行政管理与社会化、专业化的纠纷化解有序衔接、相互促进，促进知识产权司法保护、行政保护、调解仲裁和社会监督"四轮驱动"的格局真正高效运转。

构筑知识产权纠纷多元解决机制，是在认识知识产权私权属性的基础上，立足在更好发挥当事人自觉自愿的真实意思来化解纠纷，以真正实现定分止争，真正实现案结事了。

构筑知识产权纠纷多元解决机制，同时还是深化政府管理模式改革的举措。知识产权行政管理部门在依法开展知识产权管理的过程中，应更多地将事前管理改为事中事后管理，并在政府管理中以购买服务的方式引入社会专业力量，实现社会治理的专业化现代化。

（点评人：邱一川博士，上海申迪旅游度假开发有限公司总经理）

挖掘培育保护资源　实现知识产权社会共治

——知识产权社会监督体系建设

一、引　子

2015年10月，上海新国际博览中心举办了"2015中国国际婴童用品展"。展会期间，浦东知识产权局保护处设立在展会现场的纠纷受理点接到了一名观众的诉请，该观众自称是HelloKitty商标权利人，反映他在某展商展台上看到的一款婴儿用品收纳盒，使用了HelloKitty的图案，但并没有得到他的授权许可，因此涉嫌侵犯了他的商标专用权，要求加以处理。接到该项诉请后，展会现场工作人员立即找到该展商，请他出示HelloKitty商标授权使用的相关文件。面对质询，参展商最终承认该收纳盒上的HelloKitty图案的确没有得到商标权人的授权，并在第二天将印有该图案的展品进行了撤展。

随着知识产权保护工作的日趋多样化和复杂化，浦东新区知识产权局积极尝试通过创新方法和创新形式，挖掘更多的知识产权保护资源，来满足日益增长的知识产权保护需求，进而构建更加富有成效的知识产权保护体系。2016年，浦东新区知识产权局与浦东商务委以展会知识产权保护为切入点，尝试探索知识产权纠纷化解新机制，其中，充分推动各类市场主体参与知识产权的社会监督就是其中的一项重要举措。上述案例所体现的正是这一举措的良好成果，在展会上，通过执法人员、调解员，各方社会主体等的共同参与，在知识产权保护工作上构筑起司法保护、行政保护、仲裁调解、社会监督等多方力量汇集的知识产权综合保护网，不啻是有效地提升知识产权保护效率和水平的有益途径。

二、背 景

近年来,随着知识产权保护工作任务的日益加重,如何在司法保护、行政保护之外,开拓新的保护渠道,挖掘、培育新的保护力量,对于更好地完善知识产权保护工作无疑是具有重要意义的。除了通过仲裁调解方式来构建知识产权纠纷多元解决机制外,调动社会各界力量,参与社会监督,提高社会共治水平,也成为知识产权保护工作中的新鲜话题。所谓社会共治是指在社会事务管理中,不仅仅依靠政府行政机构,也不仅依靠司法机构,而应当充分调动社会方方面面的积极性,使得各方力量可以有序地参与到这项工作中来,从而达到更好的社会治理效果。这对于知识产权保护而言是有很大启发性的。

知识产权本身包括专利、商标、版权、商业秘密、集成电路布图设计等多种类型,而知识产权保护涉及申请注册、审查授权、登记备案、行政执法、司法裁判、仲裁调解、行业监管、社会监督等多个环节,现实现地,没有一种方式可以实现对上述所有权利和所有环节的全覆盖保护,因此,需要充分认识这种局面以及这种局面所面临的困难性,采取多种手段,开发多种渠道,运用各方力量,多方联动,形成合力,建设社会共治发展,进而建立起能够满足知识产权保护需要的大保护工作格局。

知识产权的社会监督是知识产权保护的有效补充,它对于维护知识产权市场的公平竞争秩序,有效贯彻执行知识产权法律规范和政策,保障知识产权的服务,以及查处损害权利人合法利益等具有重要的作用。知识产权的社会监督是知识产权行政监管外,市场监管的又一表现形式,需要充分发挥行业协会、社会组织、民间团体和市场主体等社会力量的监督作用,从而形成政府有为、市场有力和社会有用的联动监管监督体系,切实保障知识产权权利人的合法权益。

2016年11月,在国家知识产权局印发的《关于严格专利保护的若干意见》中,就知识产权的社会监督专门进行了规定,"加大权利人、专业人员和社会公众对知识产权保护的社会监督力度,广泛动员社会力量参与知识产权保护工作,探索建立知识产权保护监督机制,提高公众知识产权保护意识和社会参与度。"这对各地更好开展知识产权的社会监督工作提供了很好的指引。而在2017年3月发布的《国务院关于新形势下加强打击侵犯知识产权和制售假冒伪劣商品工作的意见》中,更是将行政执法、司法保护、社会共治、舆论监督、国际交流合作等手段措施都纳入到打击侵犯知识产权和制售假冒伪劣商品的工作中来,特别提到要"构建多方参与的共治格局",充分反映了政府对建立由社会各界共同参与,实现知识产权社会共治的期待。

三、举 措

浦东新区知识产权局在构建司法保护、行政执法、争议仲裁、人民调解等知识产权纠纷多元解决机制中,积极组合各种维权力量,鼓励市场主体参与知识产权的社会监督工作,推动知识产权社会共治,构架知识产权全方位、立体化的保护体系和机制,切实提高知识产权保护水平。其中,以展会知识产权保护为突破口,通过组织展会主办方、参展商、场馆方、行业协会和展会观众等各方力量,有效开展知识产权的社会监督工作,从而达到了提升自觉保护知识产权的意识,营造知识产权保护氛围,提高知识产权综合保护水平的目的。

浦东新区拥有新国际展览中心、世博展览馆,临港展示中心等众多展区,浦东会展业已经成为上海会展经济中的重要一翼。随着每年在浦东新区举办的各类大型会展的数量不断增加,各种类型的知识产权的冲突和纠纷也呈现逐年上升的趋势。近年来,浦东新区知识产权局在现有知识产权保护资源的条件下,积极探索加强展会知识产权保护的有效途径,其中,通过鼓励、促进会展的主办方、参展商、场馆方以及其他第三方主体,主动参与知识产权保护的社会监督工作,对完善展会的知识产权保护发挥了明显的作用。

展会主办方是会展活动的组织者,明确其在展会举办期间应该承担的知识产权监督和保护职能，并在展会期间有效履行相应职责，对展会知识产权社会监督工作的开展尤为重要。例如，展会期间，主办方一旦接到知识产权权利人对参展商的诉请，就可以根据事前主办方与参展商之间协商的知识产权条款，通过要求涉嫌侵权的参展商暂停其展出、展品下柜，甚至撤展等一系列形式，先行处理、消解矛盾，同时，还可以配合被侵权方，通过诉请、投诉、调解、仲裁、诉讼等方式来解决纠纷。为此，在浦东新区知识产权局的引导、帮助下，展会主办方已就知识产权保护措施建立了相应的规则和流程。首先，在展会举办之前，主板方会聘请知识产权法律的专业人员，制定展会知识产权相关文件，并在招展时予以公示。其次，主办方通过与参展商的事前协议，明确了知识产权的权利保障条款，有效约束参展商的知识产权行为。再次，在展会举办期间，主办方往往还会邀请知识产权行政部门、知识产权调解机构等进驻展会，开展知识产权咨询服务，并联合相关调解机构设立展会知识产权诉请点，就地解决知识产权侵权诉请纠纷。最后，在展会结束之后，主办方还积极配合相关权利人、机构等处理展会上未了的知识产权纠纷事宜。除了主办方之外，重视展会参展商和展会第三方的社会力量，引导他们参与展会知识产权社会监督工作，对展会知识产权保护一样具有重要作用。一方面，有些参展商由于利益驱使或知识产权意识薄弱，盗用、剽窃、篡改他人知识产权，生产、制造相关知识产权产品，使得展会上出现专利侵权、商标侵权、软件侵权、展台设计侵权等各种知识产权侵权现象，借助社会监督力量可以有效形成参展商的自律和他律机制，约束和减少展会知识产权侵权行为；另一方面，调动展会第三方力量开展对知识产权侵权行为的社会监督，对于有效防范知识产权侵权风险，尽快处理展会知识产权纠纷等可以发挥有力的促进作用。

四、效 果

全面推行社会各方力量参与知识产权社会监督工作以来，浦东新区知识产权局的展会知识产权保护取得了很好的效果。例如，2015年3

月，在上海新国际博览中心举办的第 25 届中国华东进出口商品交易会（以下简称华交会）上，共处理了商标纠纷 9 起，专利纠纷 2 起。同月，在上海慕尼黑信息技术博览会（电子展，光博会，电子生产设备展）上，共接受商标、专利侵权咨询 4 起，妥善处理一起参展商投诉的专利侵权纠纷。在这些纠纷的处理和解决中，一方面，显示了浦东新区知识产权局、商务委、展览行业协会、展会各方等共同建立的知识产权纠纷处理机制的协调畅通，有效保障了知识产权纠纷的快速处理；另一方面，在展览场馆设立工作室，委托调解组织现场驻点，鼓励展会主办方、参展商，以及展会第三方主体参与知识产权社会监督工作，及时处理知识产权纠纷，能够有效应对展会时间短，取证难，当事人多为外地企业等展会知识产权保护难点，是全方位、立体化的展会知识产权保护工作体系不可或缺的组成部分。

在展会知识产权保护工作之外，浦东新区知识产权局还多方尝试从其他方面来推进知识产权的社会参与、完善知识产权保护体系的工作。横向上，浦东新区知识产权局与各开发区管委会共同探索知识产权创新工作试点；纵向上，依托 36 个街镇组成的全覆盖、高效率的工作队伍，建立了浦东新区知识产权的工作网络；结合镇域经济发展特点，共建高桥、北蔡、宣桥等一批镇域知识产权特色服务站；推动社会力量筹建自贸试验区知识产权协会、浦东知识产权融资促进会等专业服务组织，在商品市场、主要商业街区建立维权保护基层联动工作站，发挥社会组织在政策咨询、行业自律、服务企业创新等方面的重要作用。通过上述这一系列举措，从社会各层面落实社会力量参与知识产权社会监督工作，建设各方共襄知识产权大保护、快保护事业局面（见图 16）。

图 16　与市场管理机构共建保护联动工作站

五、意　义

在知识产权保护中，推进以法治为基础的社会多元治理，健全社会监督机制，鼓励市场主体和社会公众参与和监督知识产权工作，构建司法审判、行政执法、民间调解、社会监督等共组的共治格局，实现从执法监管向社会共治转变，努力从根本上解决知识产权侵权易、维权难的问题，营造有利于知识产权保护的社会环境。

知识产权保护应该坚持"多方参与、社会共治"的理念，构建知识产权保护的社会监督体系，建立维权举报快速响应机制，创造尊重知识产权的社会氛围是其中应有之意。提倡知识产权保护的社会共治，要充分激发社会力量的共同监督和参与，以形成齐抓共管的良好局面。一方面，形成社会大众对知识产权违规行为的举报监督机制。如果全社会对知识产权侵权行为的监督得法，加上对知识产权侵权行为的严格执法，那么知识产权违法违规的现象就会降低；另一方面，要充分发挥新闻媒体、行业协会等社会舆论和中介力量对知识产权侵权行为的监督功能，一旦涉及知识产权的侵权违法行为，应及时追查并公示于众，从而警醒其他机构、组织和社会公众，使得知识产权保护的重要性得到的充分肯定，达到通过社会监督实现知识产权保护的目的。

浦东新区知识产权局在深化改革知识产权"三合一"管理体制中，充分发挥"三合一"体制所具有的系统性、整体性、协调性的优势，最大限度地集中知识产权的各项资源，在知识产权保护上，强化行政保护与司法保护的协作联动，加强知识产权行政监管，构建知识产权纠纷多元化解决机制，特别是鼓励市场主体参与知识产权监督工作，通过加强社会监督，推动知识产权的社会共治，构建完善的知识产权保护体系，形成浦东知识产权大保护、快保护中的特色优势。

（执笔人：王勉青博士，上海大学知识产权学院教授）

【专家点评】

展览会是创新成果传播的舞台，也是展示工业产品和促进商业交易的催化剂。展览会中的知识产权保护工作既有其格外重要的意义，也有一些特有的规定性。其中，一方面是影响大：即展览会越是万商云集、声名远播，相关知识产权侵权行为的渗透力就越强，对权利人的不利影响就越大；另一方面是时间短：展览会的有限期间给知识产权权利人的调查取证和有效维权带来相当挑战。

正是不利影响大和取证维权难这对矛盾的存在，才使展览会的知识产权保护这一在学理上并非真正高深复杂的事项成为一个在国际范围持续引发讨论的知识产权话题。

尽管展会的主题和类型千差万别，各国的保护模式和操作实践也莫衷一是，但在寻求解决展会知识产权保护问题的解决路径中，各国仍形成许多共性做法值得总结：一是重视展会的自律建设，即通过参展合同和"展会家规"对参展方的参展行为进行规制约束，从源头上防微杜渐。瑞士、意大利的有些专业展会甚至还会建立自身高效、特有的知识产权纠纷裁判机制;二是开展展会现场的专业支持和干预,包括为参展商和权利人提供专业知识的咨询和服务,也包括对权利人维权的支持协助和现场的协调管理;三是提供更为高效的司法保障,核心是建立有效运作的诉前证据保全制度和行为保全制度(如禁令),并在相关的司法体制内寻求针对展会的快速便捷争议解决机制。

浦东新区是2010年上海世博会园区的主要所在区,同时拥有新国际展览中心、世博展览馆等全市乃至全国重要的商业展会设施,更是在每年举办众多有国际影响力的品牌展览。因此,浦东在展会知识产权保护的探索和实践中有着得天独厚的优势,也有着特殊重要的意义。构筑"三合一"的行政管理新体制后,浦东知识产权行政管理部门将能更加有效地统筹行政和专业力量,做好展会现场的知识产权管理和服务,在此基础上引导和敦促展会自身知识产权自律规则的形成和完善,同时构筑和形成对相关司法保障机制的有效支撑。其做始也简,其将毕也巨!

(点评人:邱一川博士,上海申迪旅游度假开发有限公司总经理)

促进篇

聚焦企业融资难题　创新知识产权融资方式

——全国首张知识产权金融卡推出

一、引　子

2015年4月24日下午，上海浦东新区知识产权局举行签约仪式，联合上海银行、浦东科技融资担保有限公司等长期专注于科技金融服务的机构，推出国内首创的"知识产权金融卡"（见图17）。首批40家发卡企业通过专利、商标、版权等无形资产的组合打包分别获得了300万元和500万元授信额度。

图17　2015年4月24日，推出全国首张知识产权金融卡

作为科技型机械制造企业，上海坤孚企业（集团）有限公司（以下简称"坤孚集团"）成为"知识产权金融卡"的首批直接受益者。通过注册商标与发明专利联合质押，坤孚集团将得到上海银行500万元授信额度，大大缓解了"融资渴"。申领到"知识产权金融卡"后，坤孚集团的负责人到银行POS机上试刷，屏幕上显示：可取现金余额500万元。这让他感到十分惊喜。

"我们一直是新区知识产权质押贷款创新举措的受益者，尽管多年累计获得知识产权质押贷款1500多万元，但每笔很难超过200万元。"该负责人表示，对于科技企业来说，对资金需求往往是时间短、金额大，都是用来"救急"的，此次浦东新区发行的"金融卡"最高授信额度有500万元，还可以随时支取，正符合企业对资金的需求特点。

二、背　景

以知识产权作为资本进行资金筹集的融资方式，一直呼声日渐高涨。近年来，地方知识产权局等政府主管部门也热心于知识产权质押贷款等"金融创新"。2006年，上海中药制药工程有限公司通过专利质押成功地从工商银行张江支行获得贷款200万元，这被称为"上海专利质押第一单"。而在2014年上半年，山东泉林纸业有限责任公司以110件专利、34件注册商标等质押获得了一单79亿元知识产权质押贷款，这是当时国内融资金额最大的一笔知识产权质押贷款。不仅仅是专利，在版权领域，尤其是影视版权领域，也不断传出版权质押贷款的利好消息。北京银行还专门推出"智权贷"，针对拥有未来版权、商标权、其他自有知识产权的企业。

但是，对于素来以抵押担保为融资先决条件的银行来说，知识产权质押带来了很大的障碍。诸如厂房、设备、土地使用权等资产，价值稳定、变现容易、流动性好，是银行最受欢迎的抵押物。而知识产权——无论专利、商标，还是版权质押贷款，除了存在质押贷款的常规风险以外，还具有特殊的风险，尤其是估值风险、法律风险和处置风险。

知识产权价值评估是一个难解的老问题。尽管中国资产评估协会相继在2008年发布了《专利资产评估指导意见》、在2010年发布了《著作权资产评估指导意见》、在2011年发布了《商标资产评估指导意见》，但是，知识产权的价值显然充满了不稳定性，加上无形资产评估乱象丛生，其评估价值能否得到银行承认，都充满了疑问。事实上，即使知识产权价值评估反映了它的真实价值，但中国的知识产权交易还不太活跃，不像房产那样容易找到买家。一旦贷款企业不能还贷，银行处置变现知识产权资产会变得比较困难。

评估难、变现难，再加上知识产权自身存在复杂的法律问题，因此，单纯的知识产权质押贷款，其实并不受银行待见。即使有一些银行愿意尝试知识产权质押贷款，但银行基于风险控制的考虑，也不可能像房屋贷款一样，为这类业务提供大规模的贷款，因为知识产权不是"硬通货"。

在此种现实背景下，知识产权金融功能的发挥，需要继续突破，敢于尝试。知识产权"三合一"集中管理之后，浦东知识产权局会同金融机构、评估机构开展金融产品创新，主要聚焦在投融资、贷款、保险、担保等，为企业知识产权价值实现创造途径。"知识产权金融卡"就是其中的创新典范。

三、举　措

2015年4月，"知识产权金融卡"由浦东新区知识产权局推动，中国银行上海市分行、上海银行、浦东科技融资担保有限公司等共同推出，旨在全面推动高科技企业和金融服务机构深入挖掘和运用知识产权的价值，为企业提供更多安全便捷、成本优惠的创新金融产品。"知识产权金融卡"分为"知识产权金卡""知识产权白金卡"，将专利、商标、版权等无形资产的组合打包，可以分别获得300万元和500万元的授信额度。授卡对象为拥有较高质量知识产权（专利、商标、版权、新药证书、集成电路布图设计等）的企业。

据统计，首批发卡企业共拥有89件注册商标、200项发明专利、

653 项实用新型专利、249 件软件著作权、42 项集成电路布图设计和 18 件医疗器械注册证,其中还有较高品牌知名度的企业。

不过,受限于现阶段对知识产权评估评价手段的单一性,"知识产权金融卡"发出后,虽然有效缓解了部分中小企业融资难问题,但是浦东新区知识产权局意识到,这项工作还有待深入研究推进。知识产权的评价评估工作专业性强,而专利、商标、版权等复合知识产权的评价就更为复杂。要将知识产权的评价结果与企业信用融资额度关联,需要进行系统科学的研究论证。

为了进一步推动知识产权金融工作,2015 年 11 月 23 日,由浦东科技融资担保有限公司、银行、知识产权评估机构、会计师事务所、律师事务所、企业等共同发起,成立了浦东新区知识产权融资促进会,知识产权融资促进会成立后,正在致力于通过联合专业评估机构、金融产品开发部门、风险控制机构等,在实践中探索金融机构互通互认、专利商标版权复合评价体系和办法。

自 2015 年 4 月 24 日浦东新区发行全国首张"知识产权金融卡"以来,截至 2016 年年底,已有 267 家科技型企业通过知识产权质押直接获得超过 9.2 亿元的银行融资,带动银行贷款 30 亿元左右。

浦东知识产权局党组书记、局长林本初表示:上海建设全球科技创新中心,企业是最有活力的主体,只有培育一批拥有高附加值知识产权的本土创新企业,才能完成这一使命。为此,浦东知识产权局会同各类专业社会机构,通过对企业知识产权的深度挖掘组合,帮助其构筑无形资产价值实现之路,助推其快速成长。知识产权局还将进一步开拓符合企业需求的创新融资产品,并围绕目前融资过程中评估难、质押难、处置难等问题寻求突破。

四、效 果

(一) 解决了知识产权融资的信用难题

有政府部门的推荐,还有担保公司的担保,银行也可以放心贷款给企业。作为"知识产权金融卡"的合作方,中国银行上海市分行有关负责人表示:"此次与浦东新区知识产权局、浦东科技融资担保公司联合发布的'知识产权金融卡',是中行科技金融领域又一创新举措。我行将通过挖掘优质知识产权价值,为中小企业提供更便捷、更优惠的融资服务。"

(二)发挥了知识产权的金融功能

"知识产权金融卡"的诞生,让知识产权从"无形"到"有价",为急需资金的科技企业提供了更加便捷的融资渠道。"'知识产权金融卡'发行之前,我们做过大量调研,调研阶段,我们选取了张江、金桥等重点园区近400家企业进行需求摸底,主要集中于集成电路、软件、新材料、诊断试剂、新能源、生物医药等行业,95%都是轻资产的早中期科技企业。调研发现,轻资产的企业对融资需求比较迫切,对资金需求的特点是短小频急。"浦东科技融资担保有限公司负责人说。有"资格"领取到"金融卡"的企业,除了拥有过硬的专利外,有较高品牌知名度的企业也可以申领。坤孚集团能作为首批受益者,就是因为其不仅拥有多项专利,本身也是上海市著名商标企业。

(三)企业融资成本更低廉

在互联网金融的时代,科技企业融资途径越来越多,如网贷P2P、民间借贷等。不过,由于这些贷款利率高,导致企业"借贷易,还贷难"。一些网贷年利息高达20%,有的民间借贷利息更夸张。随着知识产权金融卡的推出,企业融资的成本负担大为减轻,相对低廉。据了解,知识产权金融卡一年利率不超过7%,低于市场平均水平。此外,领卡企业除能享受专业知识产权增值服务外,还能获得相关银行的自贸区金融服务顾问、新三板上市顾问等增值服务。

五、意 义

相比传统金融产品,"知识产权金融卡"在国内首开先河。它通过充分挖掘企业优质无形资产的价值并撬动金融资源,在一张小小的卡片上真正实现了知识产权与金融产品深度融合的突破。

（一）提升了知识产权的复合型价值

上海知识产权局原局长吕国强表示，金融是现代经济的核心，知识产权作为无形资产是支撑创新经济发展的重要资源，此次发行的"知识产权金融卡"涵盖了专利、商标、版权等多种知识产权，是促进知识产权与金融融合、创新金融产品的一种有益探索，有助于引导金融资本向技术产业转化。

更重要的是，在全国率先推出的"知识产权金融卡"，复合提升企业专利、商标、版权等知识产权的资产价值。通过对企业的专利、商标、版权及相关无形资产组合打包，实现复合型价值提升，帮助企业扩增融资额度。如商誉与外观专利组合后，总体价值经评估后会显著提升，并获得更高额度授信。

（二）缓解科技型中小企业"融资难"

中小企业规模小，缺乏土地、房屋等可抵押资产，寻求担保困难，大多不符合金融部门的要求，很难通过抵押贷款获取资金。伴随着知识产权的价值提升，知识产权日益成为科技型中小企业的重要资产。在知识产权价值评估难以得到认可、知识产权变现并不方便快捷的现实背景下，企业想要依赖知识产权质押向银行贷款，难度也极其巨大。而知识产权金融卡的推出，无疑是对科技型中小企业雪中送炭。上海知识产权局原局长吕国强表示，"知识产权金融卡"有助于缓解企业，特别是科技型中小企业的"融资难"问题，不断拓展中小微企业融资渠道。尤其是值得赞赏的是，知识产权金融卡的融资成本低廉，大大减轻企业负担。

（三）发挥了知识产权"三合一"的改革优势

浦东新区"三合一"知识产权局自成立以来，对区域内专利、商标、版权等知识产权实现统一管理。正是基于这一优势，新区知识产权局开拓创新，探索以金融卡为载体，帮助企业深度挖掘其资产中的"隐黄金"——专利、商标、版权、集成电路布图设计等，并通过组合打包、实现价值提升。

知识产权金融卡项目，是将企业的专利、商标、版权及相关无形资产打包获得银行授信，既不是"专利金融卡"，也不是"商标金融卡"，突破了以前多头管理、各管一片的体制障碍。只有在知识产权"三合一"的体制优势下，知识产权金融卡这一发挥知识产权复合价值、综合优势的项目才可能应运而生，顺势而为。

（四）浦东新区又一次"先行先试"的表现

上海知识产权局原局长吕国强指出，浦东首发的"知识产权金融卡"是浦东新区的又一次"先行先试"。国务院发布的《进一步深化中国（上海）自由贸易试验区改革开放方案》，对知识产权工作提出了更高的要求，浦东新区作为知识产权领域改革的"先行者"，将继续深化和拓展知识产权质押融资服务，培育知识产权保险市场，探索知识产权资本化新模式，深化试点，创新实践，从而为企业提供更好的知识产权服务。

参考文献：

[1] 司春杰，薛景和. 新版"知识产权金融卡"明年将发行 [N]. 浦东时报，2015-12-30.

[2] 李希义，蒋琇. 政府支持下的知识产权质押贷款模式及其特征分析 [J]. 科技与法律，2009（5）.

[3] 陶丽琴，魏晨雨，李青男. 知识产权质押融资中政府支持政策的实施和完善 [J]. 法学杂志，2011（10）.

（执笔人：袁真富副教授，上海大学知识产权学院副院长）

【专家点评】

"知识产权金融卡"是浦东新区的知识产权工作中，又一个勇为天下先、善为天下先的先行先试的创新举措，对于渴待融资，急需资金的那些中小型高新科技企业来说，此举实实在在不仅仅是锦上添花，而确确实实是属于雪中送炭。早在两年前的2015年春，浦东新区知识产权局就会同上海银行、浦东科技融资担保有限公司等对40家企业推出了浦东第一批"知识产权金融卡"。"知识产权金融卡"其实是把对企业尤其是对中小高新企业的知识产权融资模式，由"零售"演绎成为"批发"，由"单项"演绎成为"集成"。一卡在手而随取随支的"知识产权金融卡"，可以说是通过"组合打包"知识产权存量资源，进而背靠企业的商誉信用积累，借以进行知识产权融资并由政府部门背书的新模式。浦东新区创新推出的"知识产权金融卡"，既开拓了融资快车道，又降低了融资高成本，推进了融资总合额度，实现了融资优化模式。尤其匹配于中小高新企业总体知识产权信用及商誉而整合集成融资模式的"知识产权金融卡"，与一般只是瞄准单项或者一批具体的专利或商标"零打碎敲"型的知识产权质押融资模式相比，其朝向的却是企业尤其是中小型高新科技企业积聚的知识产权"总成"和企业信用声誉总和。也许从表面上看，"知识产权金融卡"的发放冲的只是相关企业的专利、商标、软件著作权、集成电路布图设计专有权等的各种各样的知识产权"打包组合"，但实际上浦东新区发放价值300万元或者500万元的"知识产权金融卡"之金卡或者白金卡，冲的还有相关企业日积月累的商业信用与声誉的"厚积薄发"。"知识产权金融卡"是浦东新区先行先试的知识产权融资的新颖模式和新生事物，几年来已经有了很大进展，期待其在进一步的尝试和探索中不断完善，不断前进。

（点评人：陶鑫良教授，上海大学知识产权学院名誉院长，大连理工大学知识产权学院院长）

助推企业创新创业 探索价值实现新机制

——知识产权投贷联动基金启动

一、引 子

2016年3月17日下午,上海市浦东新区知识产权投贷联动基金启动会召开。会上,全国首个知识产权投贷联动基金正式启动,同步启动的还有浦东新区知识产权增信增贷计划。中国知识产权运营联盟理事长马维野,浦东新区副区长王靖等领导出席活动(见图18)。

图18　2016年3月17日,建立全国首个投贷联动基金

启动知识产权投贷联动基金,是浦东积极贯彻落实《国务院关于新形势下加快知识产权强国建设的若干意见》和《中共上海市委、上

海市人民政府关于加快建设具有全球影响力的科技创新中心的意见》的创新之举,也是浦东新区知识产权金融创新的又一"力作",将进一步助推"创新创业"。

投贷联动基金的设立,就是为了有力促进中小微企业的知识产权价值实现,并在知识产权"流转难"机制突破方面进行有益探索。此外,银行或投资机构参与此项工作,可以直接分享高成长性企业的发展"红利",获得更高收益,也可以拓展客户源,从中抓住未来的"独角兽"公司。

投贷联动模式源于美国硅谷银行,其重要特点之一是借款人普遍为轻资产型中小微企业。该类企业具有知识、技术和人才密集型的特点,并通常以发明专利等知识产权为企业成长和发展的动力源泉。《国务院关于新形势下加快知识产权强国建设的若干意见》明确要求,创新知识产权投融资产品,推动发展投贷联动、投保联动、投债联动等新模式。上海市委、市政府发布的《关于加强知识产权运用和保护支撑科技创新中心建设的实施意见》也对完善知识产权投融资政策作出明确部署。在国家知识产权局、上海市知识产权局的支持和浦东新区区委、区政府领导下,浦东新区积极开展知识产权金融创新,探索可复制、可推广的宝贵经验。

二、背　景

伴随着供给侧改革的进一步深化,在经济下行的大背景下,金融供给与需求的矛盾使得监管的态度发生了变化,从政策层面开始鼓励商业银行不限于传统的信贷资金投放模式,而是提供更多的金融工具和创新产品,比较典型的就是"投贷联动"模式的推出。

投贷联动模式主要是指由商业银行独自或与股权投资机构合作,以"债权+股权"的模式为目标企业提供融资,形成银行信贷和股权投资之间的联动融资模式。由于投贷联动兼具股权投资的特性,相比于传统银行信贷,资管业务具有得天独厚的优势。

自2014年国务院发文《关于加快科技服务业发展的若干意见》首

次提到要"探索投贷结合的融资模式"以来,投贷联动模式日益得到监管层认可。2016年4月20日,银监会、科技部、人民银行联合印发了《关于支持银行业金融机构加大创新力度开展科创企业投贷联动试点的指导意见》(以下简称《指导意见》)(银监发〔2016〕14号),明确提出"加强多方协作,优化政策环境,整合各方资源,实现市场主导和政府支持相统一,股权投资和银行信贷相结合,引导银行业金融机构有序开展投贷联动试点工作,取得经验后稳步推广"。

进行投贷联动,在组织架构设置方面,银行还需要设立子公司来隔离风险。根据监管要求,试点银行已设具有投资功能子公司的,由其子公司开展股权投资进行投贷联动。未设立的,还需要设立具有投资功能的子公司。此外,银行还需要设立科技金融专营机构专司与科创企业股权投资相结合的信贷投放。根据监管规定除发放贷款外,科技金融专营机构可以向科创企业提供包括结算、财务顾问、外汇等在内的一站式、系统化金融服务。

投贷联动也是突破现有商业银行法的新兴业务模式,为了防范风险,三部委在《指导意见》中严格要求设立"防火墙"制度,试点银行的投资子公司应当以自有资金向科创企业进行股权投资,不得使用负债资金、代理资金、受托资金以及其他任何形式的非自有资金。投资单一科创企业的比例不超过该公司自有资金的10%。面向科创企业的股权投资应当与其他投资业务隔离。银行投资子公司应当与银行母公司实行机构隔离、资金隔离。银行开展科创企业信贷投放时,贷款来源应为表内资金,不得使用理财资金、委托资金、代理资金等非表内资金。

与此同时,监管部门也要求银行在开展投贷联动时,应当合理设定科创企业的贷款风险容忍度,应当确定银行及其投资功能子公司、政府贷款风险补偿基金、担保公司、保险公司之间不良贷款本金的分担补偿机制和比例,使不良贷款率控制在设定的风险容忍度范围内。

投贷联动的核心就是以企业高成长所带来的投资收益补偿银行债务性融资所承担的风险。在《指导意见》中,也要求投资与信贷之间建立合理的收益共享机制。投资分担的不良贷款损失由投贷联动业务中的投资收益覆盖。投资功能子公司与银行科创企业信贷账务最终纳入银行集团并表管理。

三、举措

知识产权投贷联动基金由国有资本引导、民营资本参与，基金规模为1.315亿元，出资人为上海科技创业投资（集团）有限公司、上海浦东科技融资担保有限公司、嘉兴汇美投资合伙企业、上海张江火炬创业投资有限公司、中银资产管理有限公司以及上银瑞金资本管理有限公司等。

该基金按政府引导、市场化的原则运作，聚焦拥有知识产权的小微企业，探索多种形式的股权与债权结合的融资服务方式，主要以贷后投、投贷额度匹配、可转债与认股权等形式，降低具有核心知识产权的企业贷款投资门槛。基金主要投贷方向为战略性新兴产业知识产权小微企业，其中张江高科技园区核心园投资比例不低于25%。投贷联动基金的设立将有力地促进小微企业的知识产权价值实现，尤其将在知识产权"流转难"机制突破方面进行探索。

小微企业尚未成熟，投资风险较大。即使以知识产权质押融资，到期如遇企业资金紧张，无法还贷，银行通常不会继续放贷，企业因"缺血"而亡，知识产权由银行收回，却无法变现。由此，银行对知识产权小微企业投资动力不足。

为此，新推出的投贷联动基金探索多种形式的股权与债权结合融资服务方式，主要以贷后投、投贷额度匹配、可转债、认股权等形式，降低具有核心知识产权企业的贷款门槛和投资门槛。投贷联动，贷款可转成股权，即使企业坏账，银行收回的是含有入知识产权的股权，转让变现容易很多。这样，知识产权"流转难"机制就可以有所突破。

而银行或投资机构参与知识产权投贷联动基金，可以直接分享高成长性企业的发展"红利"，获得更高的收益，同时，也可以拓展客户源，从中抓住未来成长为"独角兽"的公司。

借着上海自贸试验区的改革东风，金融机构加大服务创新力度，既提升了金融机构的投资活力，也激活了知识产权小微企业的融资生态链。今后，知识产权小微企业融资，将会更便捷。

伴随投贷联动基金同步推出的还有知识产权增信增贷计划，通过开发这两项知识产权金融创新产品，将在浦东实现知识产权金融创新产品"双轮"驱动"创新创业"的良好局面。

浦东新区知识产权局致力于探索小微企业融资服务。通过银行与担保机构共同让利知识产权小微企业、政府对评价费与财务成本等予以补贴、协会为企业提供融资公益服务的方式，最终使拥有知识产权的小微企业综合融资成本降低至5%~6%。政府搭建平台，鼓励中国银行上海分行、上海银行、上海浦东科技融资担保有限公司和浦东新区知识产权融资促进会共同参与，探索知识产权评价体系，努力争取实现知识产权融资产品的标准化、业务的规模化，帮助缓解企业融资难、融资慢、融资贵等问题。

四、效 果

位于张江高科技园区的上海宇昂水性新材料科技股份有限公司，研发的水性新材料为高端医药消毒剂，替代传统的碘酒、碘伏，特别对烧伤、手术时内脏消毒有效，而且无刺激、不疼痛，还不会产生二次污染。全球拥有类似知识产权的只有三家企业，另两家是德国和美国的大企业。

作为科技型企业，宇昂公司最大的资产就是人才和知识产权，厂房都是租赁的，公司注册资本才1590万元。不仅如此，公司还时常面临流动资金不足的局面。有不少国际订单送上门，宇昂公司也不敢多接，因为产品销售到售款回笼，中间有1~3个月的时间，会占用大量流动资金。得益于浦东新区知识产权融资项目，宇昂公司获得了200万元的银行贷款，"至少可以增加500万元的销售额"，董事长王宇难掩笑意。

上海占空比电子科技有限公司是一家无厂房的集成电路设计公司，

主要设计研发 LED 灯的驱动芯片，拥有芯片部分核心技术，与全球著名照明品牌都有合作。企业拿到了一张巨额订单，但是研发的相关产品尚未完成最后的稳定性测试，而资金出现了缺口。如果没有资金及时注入，订单肯定"黄"了。

和宇昂公司一样，通过知识产权融资，占空比公司额外获得了 200 万元的银行贷款，解决了资金瓶颈。但企业受益的远不止这 200 万元。占空比处于迅速成长期，急需发展资金，企业准备第二轮大规模融资。正在这时，公司的发明专利获得了金融机构的认可，"这给了我们企业最好的信用背书"，李明峰说，有了这一背书，不少投资机构看好占空比。最后，在浦东新区知识产权融资促进会的牵线搭桥下，企业圆满实现第二轮融资，融资规模达 4500 万元。

"今后，知识产权小微企业融资，将会比占空比更便捷。"浦东新区知识产权融资促进会副理事长薛景和的信心来自国内首创的知识产权投贷联动基金。

为占空比融资，浦东新区知识产权融资促进会找寻了 20 多家投资机构，最终有 4 家机构投资。"信息不对称，企业与机构只能一家一家谈。今后，企业要融资，可以通过知识产权融资促进会的社会团体平台，帮助进行资本对接。"

五、意 义

2015 年，在深化知识产权"三合一"行政管理和执法体制机制改革的基础上，浦东新区知识产权局在全国率先推出了"知识产权金融卡"，综合提升企业的专利、商标、版权等无形资产价值。随着知识产权融资、投贷联动基金这两项知识产权金融创新产品的推出，浦东新区以政府部门、银行、投资机构、担保机构和行业协会所汇聚成的强大合力，为中小微企业知识产权价值实现的股权与债权结合的"浦东模式"做出有益探索。

对于知识产权市场价值的认定，是世界性难题。投贷联动基金设立的意义，就在于促进小微企业的知识产权价值实现，尤其是在知识产权"流转难"机制突破方面是一次尝试。银行或投资机构参与此项工作，可以直接分享高成长性企业的发展"红利"，获得更高收益，也可以拓展客户源，从中抓住未来的"独角兽"公司。

投贷联动拓宽了中小企业的直接融资渠道，同时商业银行能够较高程度分享中小企业的成长收益。但是这种模式存在银行谨慎经营与股权投资略显激进的文化冲突。它需要商业银行改变传统的、过于依赖抵押担保的信贷理念，从重抵押担保向第一还款来源回归；需要商业银行重塑风险观念，从一味回避风险向识别风险、理解风险、管理风险转变；需要改革考核机制，建立差异化考核激励办法，适当提高对科技型企业的风险容忍度，建立合理、明晰、可操作的尽职免责制度。

在当前国家鼓励创新，加快实施创新驱动发展战略的背景下，投贷联动业务作为创新型企业的重要金融支持手段，成为各界关注的焦点。总体来看，作为融合了债务融资、股权投资的创新金融业务，投贷联动有望成为商业银行支持国家创新驱动发展战略，同时推动自身业务模式转型与升级的重要依托。

投贷联动业务的实质是基于风险与收益之间关系而产生的一种金融创新，通过股权和债权相结合的融资服务方式，有效覆盖企业现在与未来的投资风险，其核心就是以企业高成长所带来的投资收益补偿银行债务性融资所承担的风险。通过这一创新产品设计，投贷联动可同时满足成长型创新客户与商业银行的利益诉求。

在传统信贷业务中，成长型创新企业与商业银行的投融资目标存在较为严重的不相容现象。一方面从融资客户角度看，以科技、文化产业为代表的国家战略性新兴产业，其企业核心竞争力多在于技术创新与服务模式创新，多具有轻资产、高成长性的特征。企业在成长初期常因为抵质押不足而无法获得银行信贷支持，财务成本压力较大。另一方面从商业银行角度看，传统贷款是低风险、低收益的金融产品，因为无法获得合理的风险补偿，必须要求企业提供足够的风险控制措施以匹配较低的利息收入，也因此错失了处于成长阶段的优质融资客户。这一现象造成了我国成长型创新企业长期面临融资困难的局面，一定程度上遏制了创新企业的发展。

投贷联动业务创造性地将债务融资与股权投资相结合，解决了这一问题：

（1）从融资企业角度来看，能够通过企业未来成长带来的股权增值为企业获取当期融资，满足了企业在成长期的资金需求。

（2）从商业银行角度来看，通过股权投资未来的预期收益，对债务性融资进行了风险补偿，提高了对于成长类客户的金融服务能力，当然，从单笔业务来看股权价值具有一定的不确定性，但若从银行从事该项业务的总体来看则具有预期价值。

（3）从产品协同性来看，一方面股权投资为债务融资提供了风险补偿，另一方面债务融资通过对企业经营的财务支持，间接提升企业的股权投资价值，二者产生了很好的协同效果。

（4）从政府角度来看，投贷联动业务跨越了商业银行与成长型创新企业的鸿沟，成为政府推动创新驱动战略实施的重要选择。在国务院发布的《关于深化体制机制改革加快实施创新驱动发展战略的若干意见》中已明确提出要"完善商业银行相关法律。选择符合条件的银行业金融机构，探索试点为企业创新活动提供股权和债权相结合的融资服务方式，与创业投资、股权投资机构实现投贷联动。"

（执笔人：詹宏海博士，上海大学知识产权学院讲师）

【专家点评】

本篇集中分析和论证了在上海浦东新区深化知识产权"三合一"行政管理和执法体制机制改革的基础上，于2016年3月17日设立的浦东新区知识产权投贷联动基金的运营模式，以及在上海张江高科技园区两个成功的融资案例及由此带来的积极效果和影响。该案在促进知识产权运用和转化方面意义深远，它对长期以来困扰中国科技成果转化及知识产权（特别是智力性成果）价值实现"最后一公里"问题的解决起到了示范性和引领性作用。

知识产权制度的目的在于促进知识产权的运用，这一论断源于知识产权的本质就是一种财产权，但它又是一种特殊的财产权：潜在而非现实的，是一种有待实现的期待权。对于拥有知识产权的中小微企业而言，缺少必要的流动资金走完产业化的最后路程，就可能使知识产权的价值无以实现。针对国内长期以来无法有效解决的问题，投贷联动模式即由商业银行独自或与股权投资机构合作，以"债权股权"的模式为目标企业提供融资，形成银行信贷和股权投资之间的联动融资模式，是一种创新，它在知识产权"流转难"机制突破方面进行了探索，将有力地促进中小微企业的知识产权价值实现，将为中小微企业的创新和创业带来福音。

投贷联动模式的运营主要以贷后投、投贷额度匹配、可转债、认股权等股权与债权结合融资服务方式，能降低具有核心知识产权企业的贷款门槛和投资门槛，将企业知识产权流转激活，便利中小微企业的融资、运营和发展。其设立后，帮助上海宇昂水性新材料科技股份有限公司与上海占空比电子科技有限公司在融资和运营方面的成功，较好地说明了这种方式的效果极具意义。

浦东新区知识产权局在全国率先推出投贷联动基金这一将股权与债权结合的知识产权金融创新产品等，综合提升了企业的专利、商标、版权等无形资产价值，它以政府部门、银行、投资机构、担保机构和行业协会等汇聚成的强大合力，为中小微企业知识产权的流转、经营及价值的实现做了符合规律的大胆尝试，其成功必将对我国中小微企业知识产权的流转及价值实现创造了有利条件，对推动"大众创业万众创新"的深入进行，落实《国家知识产权战略纲要》及实施《科技成果转化法》等产生深远影响。投贷联动的"浦东模式"值得在全国推广，尤其是在沿海和其他知识产权较为发达的地区。

（点评人：马忠法教授，复旦大学知识产权研究中心常务副主任）

化解知识产权风险　助力企业国际化发展

——知识产权综合保险试点推出

一、引　子

2016年11月11日，上海浦东新区召开知识产权保险工作推进会，会上正式发布了上海自贸区首单知识产权全球复合险和全国首单知识产权运营险（见图19）。新险种的诞生，让中国企业在"走出去"应对知识产权纠纷时更有底气。

图19　2016年11月11日，推出全国首批知识产权综合保险

在推进会上，上海奥普生物医药有限公司、上海数字电视国家工程研究中心分别与国泰财险签署投保协议，成为新险种的首批"尝鲜

者"。奥普生物为25件专利和医疗检测设备商标在全球投保,每年投保费52万元,单件专利或商标最高保额达到100万美元,这是上海自贸区首单全球知识产权复合险(专利、商标),也是目前全国保费最高的知识产权类保险保单。

上海数字电视国家工程研究中心为10件核心专利以及14份专利池运营许可协议投保,每年投保费27万元,可获得最高赔偿金额50万美元的风险保障。该保单承保的是数字电视专利池运营中的知识产权风险,这是全国第一单知识产权运营险。

凭借"三合一"改革的制度优势,浦东新区推出的知识产权保险项目不仅是涵盖专利、商标、版权等的复合险种,而且保单全球有效。知识产权保险的推出,进一步加速了知识产权与金融资源的有机融合,分散和化解了科技型企业的维权、创新风险。目前,浦东新区生物医药、电子信息等领域内的多家企业纷纷表达了参保意向,并进入保单条款、保险金等具体细节的洽谈环节。

二、背　景

21世纪,知识产权在商业竞争中发挥着重要作用。知识产权可以为企业带来巨大商机,同时也带来了风险。近年来,随着我国知识产权数量和质量的快速提升,以及保护力度的持续增强,知识产权所蕴含的经济价值日趋凸显,企业越来越重视知识产权的价值实现和有效运用。尤其是中小企业对于有效管控和分担知识产权风险的需求愈发迫切。

为深入实施创新驱动发展战略和国家知识产权战略,近年来,我国正在探索利用现代金融手段促进科技创新和知识产权保护,协助健全和完善国家知识产权保护体系,推进科技成果的转化,推动我国经济发展方式的转型升级。利用保险资源促进知识产权保护体系建设,切实开展产品创新、业务拓展和平台建设等各项工作,将有效转移知识产权风险,解决企业发展的后顾之忧,为经济社会发展提供专业、全面的保险保障和服务。

推进知识产权保险的开发、运营是国家知识产权局落实国家创新驱动发展战略和建设知识产权强国战略，助力大众创业、万众创新，促进专利转移转化，推动经济发展方式转型升级而开展的一项重要工作。

浦东新区"三合一"知识产权局自2015年年初正式运行以来，在知识产权体制、机制、执法保护等各项工作改革中始终走在前面，进行了大量有益的探索。在上海市知识产权局的指导下，浦东新区知识产权局推动知识产权与金融结合，从第一张知识产权金融卡，到投贷联动基金，2016年11月又推出知识产权保险新险种，浦东新区知识产权局"三合一"改革在促进知识产权转化运用方面的成效逐步显现。

知识产权保险将知识产权特性和保险制度优势相结合，利用保险的补偿和普惠性质，有效防范知识产权运营风险，提升知识产权使用效益，激发企业创新活力，营造公平竞争的市场环境，对于深入实施创新驱动发展战略、提升经济发展质量、推动产业转型升级将发挥积极的促进作用。

三、举　措

浦东新区目前探索的知识产权保险有以下特点：一是国际保单，承保全球范围，由美国机构评估风险、英国机构再担保，护航企业拓展海外市场；二是实时保障，采取直赔方式，即签署保单时企业选择一家法律代表单位，涉诉期间由法律代表直接向保险公司索赔，从而实现对企业的全面保障；三是保额较高、保障范围较广，如奥普生物保单中最高赔偿金额达到100万美元。

浦东新区正在积极探索知识产权保险联动推进机制，初步形成了保险企业对接平台，汇聚了中国人保、国泰财险、中银保险、平安财险、安信农保等一批保险机构，以及一批知识产权服务机构。浦东新区知识产权融资促进会已经与中银保险、安信农保签订了战略合作协议。

全球参保知识产权险，对国内企业来说还非常陌生。为鼓励企业积极参保，浦东新区发挥政策引导作用，支持知识产权保险创新工作。"十三五"期间，浦东新区科技发展基金"知识产权维权援助"项目中，对企事业单位投保知识产权保险费给予50%的补贴。根据自贸区企业拓展海外市场的需求，基金加大了支持力度，提高了资助资金上限，以适应企业海外保障需求。浦东新区企业参加知识产权保险，根据保费金额最高可以获得50万元政策补贴。

四、效　果

2016年2月，落户张江的奥普生物医药有限公司投保了上海自贸区第一单"知识产权综合保险"，为公司25项核心专利和医疗检测设备商标在全球投保。奥普公司是从事生物试剂仪器研发、生产、转化与销售的生物医药高新技术企业，耗时半年研发出一款即时检测新产品。然而，总经理李福刚却担心产品一旦上市就可能会被仿冒。如果起诉，企业将面临高昂的律师诉讼费和漫长的时间成本，势必会制约企业战略发展。在李福刚举棋不定时，传来浦东知识产权局正在开发知识产权保险项目的消息。这让他欣喜不已："所有产品打包参保，保额100万美元，这下我们的新产品上市就后顾无忧了！"

奥普生物总经理李福刚说："知识产权类诉讼耗时、耗力、诉讼成本高，使许多中国企业不战而退。过去企业在海外被侵权，一个知识产权的诉讼可能要经历三五年时间，最终即使达成和解方案，企业发展良机也被耽误。奥普生物作为即时检测行业领域领军企业，积极拓展海外市场，需要知识产权保险作为风险管理的工具。如今有了全球复合险，不管是商标，还是专利，都不用再担心被人侵权。"

"一旦发生侵权，保险公司就会启动理赔程序，公司能够第一时间得到经济补偿，企业不用再怕资金紧张了。"李福刚说，全球复合险的一大优势在于，它将知识产权的众多内容"打包"起来，集中进行投保，省去企业在多个保险机构、多个险种间来回奔波之苦。有了这笔保险做"后盾"，为研发团队解决了后顾之忧，能更好地专注科研工作。公司知识产权体系从此迈上了新台阶，避免类似"337调查"事件的发生，预防"专利海盗"的恶意攻击，为公司立足于行业国际舞台打开了新的通道。

同样位于自贸区的上海数字电视国家工程研究中心，是由国内数字电视领域优势制造企业、媒体机构共同发起组建的数字电视及媒体网络技术研发及产业服务的专业平台。5年来，工程中心以"聚焦主动型专利、布局全球化运营"为创新模式，积极探索开展知识产权运营新模式。面对全球范围内新一轮媒体网络的快速融合与演进，工程中心积极参与国际数字电视标准竞争与合作，相关专利布局已覆盖美国下一代数字电视及媒体网络标准。此次投保知识产权运营险，为工程中心加强知识产权海外布局提供了坚实保障。

"从制造大国和贸易大国向创新大国和贸易强国的转型是我国产业发展的必由之路。面对越来越激烈的竞争环境，知识产权是未来企业开拓市场、获取高附加值的关键武器。知识产权保险则是我国企业未来'走出去'的通行证。"上海数字电视国家工程研究中心总经理夏平建介绍，为了推进知识产权运营工作，相应的司法维权手段是不可避免的，高昂的法律诉讼成本势必会对知识产权运营形成制约。此次保险项目对工程中心加强知识产权运营提供了重要的支持，有助于切实促进产学研用协同式创新，为制造企业进军海外市场提供专利护航，实现国家消费电子产业关键技术领域核心专利积累及竞争力提升。

五、意　义

（一）知识产权保险对我国企业"走出去"意义深远

知识经济时代，科学技术日新月异，经济全球化迅猛发展，拥有知识产权的数量和质量以及运用知识产权法律制度的能力和水平，成为衡量一个国家和地区的市场竞争综合实力的重要指标，也是进一步提升综合国力、参与经济全球化竞争的重要基础。

随着国际服务贸易和投资新规则谈判的推进，关税和其他商业管制壁垒将逐渐削弱，发达国家为进一步掌控世界贸易规则，必然会提高知识产权保护标准。知识产权已成为经济发展的战略性资源以及国际竞争的核心要素和核心手段。

企业"走出去"是中国经济发展到一定阶段的必然选择和内生需求,特别是我国政府提出"一带一路"倡议以来,得到相关国家的积极回应,"一带一路"倡议契合沿线国家的共同需求,将为沿线国家实现优势互补、开放发展提供新平台,在满足沿途国家发展利益诉求的同时,也将为中国企业开展国际投资合作带来历史性的新契机。随着我国企业"走出去"战略的不断推进,我国企业国际化发展趋势必将越来越强,面临的知识产权纠纷也会越来越多,知识产权保护难度日益增大。

对于中国企业而言,海外市场蕴含着无限的商机,但也潜藏着巨大的风险。企业在"走出去"时普遍反映维权取证难、维权成本高、诉讼周期长,通过知识产权保险这种形式,可以帮助企业破解维权难题。知识产权保险有助于分散知识产权权利人的经济风险,能够有效帮助企业海外维权,对企业降低维权成本、提升知识产权竞争力具有非常重要的意义。知识产权保险新险种的成功开发,是积极构建我国覆盖境外知识产权保险保护机制的又一次成功探索,将凝聚"知本+资本"合力,有效为我国企业在面临知识产权纠纷时减轻负担,护航我国企业"走出去"拓展海外市场,为国家实施企业"走出去"战略提供强有力的支持。

(二) 知识产权保险对上海科创中心建设提供保障

全球科技创新中心是上海继打造国际经济、金融、贸易、航运"四个中心"之后,正在筹划建设的"第五个中心"。上海要建设全球科创中心,也必须建立一套知识产权保障体系。知识产权与金融资源的有效融合,可以帮助企业有效分散维权和运营风险,帮助改善市场主体创新发展环境。浦东作为上海自贸区建设和科创中心建设两大国家战略的重要承载地,承担了先行先试的历史重任。

在浦东新区知识产权局设立前,我国大部分地区的专利、商标、版权分别由不同部门管理,知识产权局只负有专利管理之职,分散的管理和执法模式难以适应知识经济时代发展和政府职能转变的要求;

而同时拥有专利、商标、版权等多项知识产权的企业也更多关注专利或商标，往往没有对品牌、文化版权、技术创新形成整体发展战略。

集专利、商标、版权行政管理和综合执法职能于一身，全国首家单独设立的上海浦东新区知识产权局，自2015年1月1日运行以来，不断深化"三合一"管理体制改革，巩固扩大"三合一"改革成果，打通知识产权创造、运用、保护、管理、服务全链条，逐步形成改革样板。浦东新区知识产权"三合一"改革让企业和权利人切切实实地感受到上海加强知识产权保护和运用的决心与力度。

知识产权行政管理"三合一"改革的目的就是要全面落实国家知识产权战略，服务上海改革开放、经济发展和科技创新，支撑上海建设有全球影响力的科技创新中心，推进亚太地区知识产权中心城市建设。上海市根据中央统一部署稳步推进知识产权综合管理改革，探索建立高效的知识产权综合管理体制。浦东新区知识产权局将继续以深化知识产权领域改革为突破口，努力将浦东新区打造成为亚太知识产权中心城市功能和形象的示范引领区。

（执笔人：詹宏海博士，上海大学知识产权学院讲师）

【专家点评】

"创新驱动发展"是"十八大"提出的提高综合国力的战略支撑。对于创新，其与知识产权的关系将越来越密切。如共享单车通过智能技术创新和商业模式创新妥善地解决了最后一公里的社会问题。但是，该项目紧接着碰到了各种专利和商标问题；如果进军海外市场，可能还将面临海外知识产权侵权或被侵权风险。知识产权保护创新，作为创新主体的企业也面临着错综复杂的知识产权风险。

浦东知识产权局认清形势，率先推行知识产权"三合一"管理，创新性地推出"全球有效"的知识产权"综合"保险，为企业进军国内外市场降低知识产权风险提供了新的解决之道，更是具有时代的针对性和解决问题的针对性。首先,当前企业竞争已从价格战转为"知识产权硝烟",在技术和知识产权密集的领域纠纷和诉讼频发,赔偿额全球走高,知识产权风险异军突起。其次,该举措针对性地为更多参与全球市场竞争的企业,"全球范围"地分担或解决了高昂的侵权赔偿风险。再者,"三合一"体制支持的"综合"保险,可以一揽子地解决无论是专利、商标或是版权带来的风险,企业不必事先预见或纠结为哪个权利风险购买保险,提高了效率,节省了费用。

知识产权是紧跟科技发展的全球联动性课题,浦东知识产权局的体制改革和政策出台是紧跟时代的创新性举措,企业将是改革和创新性政策的最终受益者。

(点评人:张丽红,上海微创医疗器械(集团)有限公司知识产权总监)

聚焦行业共享资源　精准运营知识产权

——智慧医疗知识产权运营平台建设

一、引　子

2015年的某一天，科宝公司里来了几位不速之客，气势汹汹地要见董事长朱仁明。一番沟通下来，原来他们是怀疑科宝研发的产品涉及侵犯了它们的知识产权，并扬言要采取法律手段进行维权。朱仁明一下子懵了，一场冲突眼看就要不可避免。

科宝智慧医疗科技（上海）有限公司隶属于创实医疗集团，致力于医疗诊断知识工作自动化以及医疗大数据的应用和医疗云计算技术的开发，是集研发、生产、销售、服务以及互联网应用为一体的集团化医疗科技公司。引起国外同行如坐针毡的产品是科宝公司经过5年时间投入4000多万元历经坎坷自主研发的一款全自动尿液有形成分分析仪——科宝S80，这是一款体外诊断设备，对于肾脏疾病的早发现、早诊断和早治疗有着极其重要的突破意义。国外同行找上门来的时候，科宝S80正处于研发取得突破性进展时期，但已经引起了嗅觉灵敏的国外同行的恐慌，要求停止研发。

面对上门质疑，冷静思考过后的朱仁明做出了一个大胆的决定，打开产品设备机箱，带着律师让国外同行一一对质，看看是否有涉及侵权的设计。"他一看我的这种态度，反而有点折服了"，朱仁明事后回忆道。朱仁明的这个做法可谓是险中求胜，而与竞争对手的坦诚相见却收到了奇效，不仅消除了对方的误解，更是将对手转化为了盟友。经过一年的谈判、交流和真诚的对话，双方最后达成合作备忘和谅解备忘，尊重彼此的知识产权，尊重各自在国际市场上的运作，最后甚至达成了合作，实现了合作共赢。

这件事对朱仁明是一个不小的触动，也引发了他的思考。知识产权对企业的影响在6年前就已经给过朱仁明一次震撼。科宝公司原先是一家为国外厂商做产品代理的经销商。2009年，科宝代理的德国某厂商找到朱仁明，提出要更换代理商。这个产品在中国市场是科宝从零做起来的，现在要再找中国的其他合作伙伴，朱仁明觉得很不公平，表示不能接受。于是对方将科宝告上了法庭。"当时我不是普通地做他们的代理，我当时就注册了自己的商标，他们的产品，我也是以科宝的名义来推广市场的。当时我花了3000元钱，就把商标注册下来了。"一个花3000元注册的商标，在这场关乎生死存亡的商战中起到了至关重要的作用。"科宝"商标归科宝公司所有，供应商可以取消科宝代理权，却不能剥夺早已形成品牌的"科宝"商标。这场悄无声息的商业战争，朱仁明至今依然还能闻到火药味。他在庆幸科宝胜诉，保住代理权的同时，也开始意识到企业转型的迫切感，从此走上了从贸易型公司转型为科技型研发企业的艰辛之路。

6年的转型之路，科宝公司成功研发出了拥有自主知识产权的科宝S80，同时也建设了专业的智慧医疗技术平台。这次又完满解决了本文开篇的"国际纠纷"，使朱仁明下定决心要将这些经验与国内同行，尤其是初创的中小微同行共享，提供专业的知识产权运营服务，帮助他们高效地经营好企业的知识产权，使得企业可以更专注于核心技术的研发。

2015年，科宝公司正式向浦东知识产权局提出了建设行业性的面向国际的知识产权运营平台——智慧医疗知识产权运营平台。

二、背　景

2015年浦东新区知识产权局建立之初，就提出了要建设专业性、行业性的知识产权运营平台。

（一）深入实施国家知识产权战略的需要

为进一步贯彻落实《国家知识产权战略纲要》，全面提升知识产权综合能力，实现创新驱动发展，推动经济提质增效升级，我国制订了《深入实施国家知识产权战略行动计划（2014—2020年）》（以下简称《行动计划》）。《行动计划》中指出要"大力发展知识产权服务业，扩大服务规模、完善服务标准、提高服务质量，推动服务业向高端发展。培育知识产权服务市场，形成一批知识产权服务业集聚区。"可见，建设高端知识产权服务平台具有推进国家知识产权战略的重大意义。

自2008年国务院提出《国家知识产权战略纲要》以来，我国自主知识产权水平有了很大幅度的提高。2016年年底联合国世界知识产权组织发布的数据显示：我国已成为世界首个年发明专利申请量超过百万的国家，连续五年居全球之首。这一数字占全球总量近40%，超过美国、日本和韩国三个国家的总和。同时，中国专利申请增速最快，增幅高达18.7%。

但是在成绩面前，一系列挑战不容忽视：我国知识产权工作仍存在保护不严、侵权易发、转移转化平台和机制缺乏等问题，发展仍面临"大而不强、多而不优"的阶段性挑战。"国内专利申请数量不断攀升，而海外专利申请量并不高，专利申请的质量有待提升。"中国知识产权研究会副秘书长马秀山指出。

专利申请的质量有待提升，一是反映在利用率不高，不少专利申请完后就束之高阁，不能为市场所用。有媒体报道称我国高校虽然拥有大量专利，但其平均转化率不足10%，而欧美日发达国家科技成果转化率在30%以上。二是即使专利被利用了，但其转化后的价值体现并不高。

要提高知识产权的价值、促进知识产权的利用、将沉睡的知识产权激活，首先要在源头上提高知识产权的质量。

(二) 服务上海两大战略的需要

中国（上海）自由贸易试验区，是中国政府设立在上海的区域性自由贸易园区，于2013年8月22日经国务院正式批准设立。2015年5月，上海又发布了《关于加快建设具有全球影响力的科技创新中心的意见》"22条"，受到各方高度关注。上海市常委会又审议并通过《关于加强知识产权运用和保护支撑上海科技创新中心建设的实施意见》（以下简称《意见》），《意见》遵循国际惯例、聚焦重点、坚持问题导向，围绕"强化保护、促进运用、完善服务、推进改革"4个方面，提出了12条具体措施。

浦东新区正是上海面向全球的两大战略实施的重要承载地，知识产权工作要为科创中心核心功能区建设和上海自贸试验区建设提供强有力的支撑。

自贸区工作推进中更强调跨境交易便利化，以促进跨境研发的开展；在科创中心建设中强调科技成果的集聚与转化、产业化的推进，这些都要依靠知识产权的运营。

（三）响应企业需求的需要

从2015年开始，就有企业提出希望建设专业性、行业性的知识产权运营平台。这些企业通常都是本行业中的代表企业，企业家通常都有一定的留学背景，企业都有一定的海外研发、技术拓展等跨境业务。这类企业本身就比较注重知识产权的管理和保护，并且具有带动本行业其他企业进行知识产权转化与运用的使命感。正如前文所描述的科宝公司的董事长朱仁明一样，他希望把自己在知识产权运营中的经验都能分享给同行的初创企业，让他们知道哪里是陷阱，哪里要做好防护。

这类企业提出了他们的诉求，想为社会发展多尽一些责任，并且也带来了很好的建议与案例。

在这样的背景下，浦东新区知识产权局着手布局，建设专业性行业性的知识产权运营平台。2015年9月，在浦东新区知识产权局、张江管委会共同支持下，智慧医疗知识产权运营平台正式成立了，这是上海浦东新区首个集专利、商标、版权于一身的知识产权"三合一"的专业领域运营服务平台（见图20）。

图20　智慧医疗知识产权运营平台揭牌

三、举　措

智慧医疗是生命科学和信息技术融合的产物，是现代医学和通信技术的重要组成部分，一般包括智慧医院服务、区域医疗交互服务和家庭健康服务等基本内容。智慧医疗行业在人口基数庞大的中国具有独特的市场意义。一方面，智慧医疗具有较高的科技含量，产品直接与人民的生命健康相关；另一方面，该行业技术密集度极高，具有一定的市场门槛。随着中国人口老龄化的加剧，公共医疗成本的不断升高，边远地区和富裕地区的医疗资源严重不平衡，这些都是智慧医疗以及支撑其实施的智慧医疗器械和系统集成发展的良好机会，能有效地降低医疗成本以及改善医疗资源不平衡的局面。加强智慧医疗行业的知识产权运营与管理，能够极大地促进行业的发展，是一件利国利民的好事。

智慧医疗知识产权运营平台（以下简称"平台"）由科宝智慧医疗科技（上海）有限公司发起。科宝公司在智慧医疗领域有多年的专业经验，与世界各地的智慧医疗产业机构进行过合作，使得平台在智慧医疗领域的知识产权运作有着得天独厚的行业优势。但平台的建设毕竟对于一家企业而言是完全陌生的领域，为此浦东新区知识产权局付出了极大的热情与精力，与科宝共同讨论，筹备平台建设。

（一）明确理念厘清思路，注重模式探索

对于平台建设而言，首先要明确平台要做什么。在与浦东新区知识产权局的持续交流中，平台的建设理念也越来越清晰了。

平台的目标是建设成面向世界的国际化智慧医疗细分行业的知识产权运营服务平台，致力于推动浦东企业与海外高端技术转移机构、科研机构、企业的跨境知识产权交易，主要包括以下内容：

功能平台：为智慧医疗领域企业的知识产权运营提供一门式服务平台，主要专注于智慧医疗行业知识产权确权评估、对外授权、代理收购、代理出售、代理授权、挂牌上市、转让报价、交易鉴证、结算清算、托管登记、项目融资、项目推介、大数据运营、二次开发、法律服务、政策咨询等全方位服务。

技术平台：将智慧医疗领域的企业和众多大学、科研机构、上下游企业、海外技术机构连接在一起，建设专业实验室，例如，医疗检验中心实验室，开放共享专业技术资源，结合科宝公司十余年的医疗检验产品研发、生产、销售、服务、应用经验，可以为平台上的中、小、微、初创企业在医疗检验领域提供更为深入的服务，降低相关企业研发、应用的总体成本，充分发挥专业技术平台的作用。

金融平台：探索知识产权金融创新、知识产权转化经营以及跨境知识产权交易特色业务，打造智慧医疗领域知识产权运营平台的核心节点、知识产权跨境交易的桥头堡和科技金融的试验田。

国际平台：聚焦开展与海外技术机构的知识产权转化、许可和技术的二次开发，定期举办知识产权跨境交易论坛、技术创新论坛，定期举办交易展示、洽谈、对接等，让想走出去和想引进来的企业获得专业技术与知识产权相结合的国际服务。

平台通过以上功能的实现，切实为中小企业、孵化器在孵企业提供全面深入的专业化、精细化、国际化的知识产权创造、保护、运营的全生命周期服务。

(二) 建立知识产权运营专业队伍

人才的重要性是永远都不会被高估的。

科宝公司本身一直非常注重人才建设。公司拥有一支专业的研发团队，团队骨干成员包括2位教授、3位博士以及多位研究生，专业涵盖了医疗诊断、机械电子、图像识别、互联网、人机交互等多个高科技领域。公司还拥有一些长期保持紧密联系的合作伙伴，有些本职即是从事知识产权相关工作的。

在浦东新区知识产权局的帮助下，科宝公司从合作伙伴和员工中选取了一批既懂智慧医疗相关专业技术，又懂智慧医疗市场状况的人员，组成了一支围绕智慧医疗领域的知识产权运营专业队伍，成为平台的核心力量。

(三) 确定知识产权专业服务合作伙伴

要为企业提供专业服务，就需要有专业的知识产权服务人才。平台自己培养、招聘自然是不可缺少的，但若能与优秀的知识产权专业服务机构建立起战略合作关系，那更是事半功倍。

浦东新区知识产权局选取了5家规模较大的，专业从事商标、专利、信息服务等知识产权服务的机构与科宝公司进行对接。通过几方努力，建立起了友好的战略合作关系，形成了服务于平台的专业的知识产权服务力量。

(四) 落实引导资金，加强政策宣传

平台在筹建及运行过程中，需要资金的投入。如仪器设备、人员开支、跨境活动、办公空间等各项开销，资金大部分都是由科宝公司自筹的。浦东新区知识产权局给予了适当的引导资金支持，帮助科宝公司进行政策宣传等政策引导性工作。

在科宝公司筹建平台的过程中，浦东新区知识产权局也积极配合参与了如美国的技术转移中心、以色列技术转移机构、法国杜赛诺贝尔专业实验室等海外相关机构的会商。政府在民间交流中的介入与支持，在美国、以色列等国都引起了强大的反响和较高的关注。一些海外机构、企业对中国的知识产权保护存有一定的顾虑，通过地方政府的有力推介，使他们认识到科宝公司是一家比较注重国际规则、重视知识产权法律的企业，是值得信任的、未来可以合作的伙伴。

四、效 果

在浦东新区知识产权局的大力支持下，智慧医疗知识产权运营平台的筹建快速而有效，只经过半年不到的时间，平台即正式启动运行了。并且经过前期的几轮会商，平台正式启动时，已经与美国休斯敦大学、休斯敦技术中心、法国杜赛诺贝尔实验室、以色列技术转移机构等海外机构建立了战略合作关系，并已有20多项知识产权正在进行交易对接中，其中"生物酶芯片"技术已经与法国杜赛实验室达成了交易、二次开发、市场培育等合作协议。

平台运行后，依托"医汇谷"众创空间的载体资源，探索知识产权成果"双边转移"和"多边共享"的新模式，先后与美国HTC孵化器、以色列eHealth孵化器、以色列Trendlines孵化器等境外机构建立了创新项目共享沟通机制，以知识产权转移转化为核心，积极引进海外科技项目，开展双边孵化服务。

来自以色列的Mdacne项目，是一款针对粉刺治疗的付费APP，其基于图像算法识别，可以根据用户脸部的粉刺生长程度判断粉刺严重程度，并给出个性化护理方案，提供个性化护理产品购买。在美国初步推出几个月，下载量过万。项目创始团队了解到中国市场的巨大需求，但是担心进入中国市场之后很快遭到抄袭与仿冒，因此迟迟无法做出进入中国市场的决定。

智慧医疗知识产权运营平台了解到该项目创始人的顾虑之后，用近期的知识产权保护案例向其说明中国在知识产权保护方面的巨大进展，同时向对方展示了商标检索的结果，建议对方尽快将Mdacne品牌申请国内商标的多品类保护。并告知对方可以将APP程序申请软件著作权，将汉化后的APP界面申请外观专利保护，利用综合的知识产权保护手段防止竞争对手抄袭；境外的护理产品可以通过海外代购的形式提供给中国用户，在销售达到一定规模之后再委托国内代理商进行中国境内的产品认证等工作。Mdacne 项目的创始人表示，他们所接触过的美国专利律师都无法提供如此详尽的咨询建议，他们会尽快完成 APP 的汉化工作，希望由智慧医疗知识产权运营平台协助他们完成国内的知识产权保护性布局。

智慧医疗知识产权运营平台还先后为 Commwell Medical、Integrity Applications 等 21 个来自境外的科技项目提供知识产权咨询服务，内容包括国内知识产权保护情况介绍、中国专利布局策略研究、国内市场侵权产品比对、技术成果转移转化策略咨询等。已经促成两个项目在国内落地，另有 11 个项目达成了合作意向。

此外，在浦东新区知识产权局的指导下，2016 年智慧医疗知识产权运营平台还获得了浦东新区小微企业创新创业基地公共服务平台项目的立项。

五、意　义

知识产权运营平台是以平台内企业知识产权核心竞争力的培育为目标，表现为以增加平台内企业知识产权资源及其成果存量为目标的内向型服务，和以促进平台内企业核心技术法权化、资本化及品牌化的外型服务构成。那么平台的知识产权运营服务即可归纳为依托平台自身的服务资源，围绕平台内企业知识产权的获权、确权和用权，以提升平台内企业知识产权核心竞争力为目标所展开的知识产权预警、研发、培训、申请、评估以及其他一系列相关服务。从表象上看，平台的知识产权服务不仅表现为对平台内企业知识产权创造潜力的强化，更体现为运用多元化的服务手段将平台内企业的知识产权资源市场化和价值化，即知识产权的增值和增效；从本质上看，平台知识产权服务就是促进平台内企业创造知识产权掌控技术版图、应用知识产权争夺市场版图、运营知识产权赢得财富版图的一系列相关服务。

专业性是指提供的知识产权运营服务是具有专业水准和专业水平

的。行业性是指运营平台依据自身行业特色资源、整合外部行业资源为平台内企业提供高效益、高质量的服务，以及平台自身发展所形成的稳定的、推动平台正常运转的体系结构，这一结构由于其内部各要素之间的相互作用而不断得到发展。

专业性、行业性的知识产权运营平台与普通的综合性知识产权服务平台的运营有相似之处，但更有它自己的特点。

首先，它更多地依靠产业的力量、专业的力量做知识产权工作，由懂技术、懂管理、懂专业市场的内行来做知识产权的布局、转化及产业合作。行业的技术领域会分得很精细，分得更细是为了做得更专业。

其次，知识产权运营最突出的是知识产权的运用，但更聚焦于在知识产权创造、保护与运用全生命周期中的知识产权服务。从宏观层面的知识产权布局、企业战略管理，到微观层面的如何挖掘技术要点、撰写有价值的高质量的专利文件，再到行业知识产权信息分析、数据库的建设，再到知识产权质押、保险等金融应用，再到商业化、商用化运行，在知识产权的全生命周期中都可以进行知识产权运营。

因此，相较普通的综合性知识产权服务平台，专业性、行业性的知识产权运营平台对企业更有针对性，也更有效率、效果。浦东新区知识产权局着手推进这项工作，体现出了高瞻远瞩的气魄和求真务实的态度，另外，也与浦东新区知识产权局专利、商标、版权"三合一"的综合管理改革有关，打破了专利、商标、版权行政管理之间的"墙"，能够以更为全面的视野、更客观的立场认清事物的本来面目，开展工作没有羁绊，有效地推进了知识产权运营平台的建设进程。

（执笔人：高宏，上海大学知识产权学院）

【专家点评】

以往经常有人说，在中国，要使人重视知识产权的保护和运用，最有效的途径就是，吃一堑，长一智。而这个案例则是一个"吃一堑，长两智"的故事。这个案例中，知识产权的吃亏者不仅自己吸取教训，开始重视知识产权，而且还以自己的专业化团队为基础，组建了专业化知识产权服务平台，使更多的人开始有效享受知识产权制度促进创新的利益，更上了一层楼。

浦东新区知识产权局在2015年建立之初，就提出要建设专业性、行业性的知识产权运营平台。近年来，浦东新区知识产权局的专利、商标、版权"三合一"的体制设置，打破了专利、商标、版权行政管理之间的"墙"，更有效地推进了类似于科宝公司知识产权运营平台的建设。智慧医疗知识产权运营平台的正式成立，就是上海浦东新区首个集专利、商标、版权于一身的知识产权"三合一"的专业领域运营服务平台，是由市场需要，政府推动的促进知识产权转化运用平台建设的最佳耦合。

相较普通的综合性知识产权服务平台，专业性、行业性的知识产权运营平台对企业更有针对性。浦东新区知识产权局"三合一"的管理体制的改革，也将更有力地支持和服务这类平台能够以更为全面的视野掌握知识产权工作关联性，使得开展工作没有羁绊。值得推广、值得复制。

（点评人：单晓光教授，同济大学上海国际知识产权学院院长）

激活知识产权信息功能　树立知识产权评议标杆

——全国知识产权分析评议试点示范工作

一、引　子

对于国内"后起之秀"的科技企业来说，自主创新之路充满了荆棘和坎坷。一项技术从最初的创意到运用到产品中，每个环节都有失败的风险；因为缺乏相关的专利信息而使研发经费遭到浪费的情况反复出现；好不容易将一项技术成功转化为商品，还可能遭遇知识产权争议，导致无法投入生产或陷入纠纷诉讼中；而闭门造车式的研发，即使最后做出了产品，也可能遇到专利"壁垒"，这意味着产品要上市，就必须支付专利持有者专利许可费，这项费用的数额可能占去产品利润的 10%~20%，而如果专利持有者不肯许可他人使用其专利，公司产品将不得不修改研发路线，甚至最终导致产品无法上市。

如何让知识产权布局行之有效，形成具有防御和攻击性的专利武器，而不是散兵游勇式的专利申请？在产品的技术开发过程中，如何规避已有的知识产权风险，保证产品面世后不会因为知识产权问题而遭到困扰？经过众多企业实践证明，知识产权评议正是解决上述问题的有效手段。

上海天马微电子股份有限公司（以下简称"天马公司"）是一家专业研发、设计、生产、经营液晶显示器（LCD）及液晶显示模块（LCM）的高科技企业。如今，"触屏"已经成为时下最流行的元素，从手机到 Pad 再到电视机、摄像机等都采用了触摸技术。在众多"触屏"类电子产品中，近四成"触屏"就产自天马公司。

正是一次内嵌自电容触控项目的研发经历，让天马公司更清晰地意识到了知识产权评议的重要性。整个项目从"idea（创意）"到整个研发过程，一直伴随着"专利前期调研、专利持续跟踪、专利挖掘及专项评审、专利申请"等多项知识产权评议工作。在评议过程中，公司可以摸清自己和竞争对手之间技术的差别，还可以排查清楚当前主流技术的知识产权所有人，从而确定采取规避方式还是技术合作开发模式等。

截至2016年6月，天马公司共产生了300多件提案，完成了200多套中国及海外专利申请，使天马公司内嵌自电容触控的专利实力在一年半的时间内跻身于行业前列，还为后期的产品制造与销售提供了法律保障。从日、韩等国外企业密集布局的"触屏"类专利中，天马公司面对来自各方面的知识产权壁垒，成功地走出一条自主创新之路，正是得益于采用了研发之前先进行知识产权评议的"突围战术"。

二、背　景

知识产权评议是指综合运用情报分析手段，对经济科技活动所涉及的知识产权竞争态势进行综合分析，对活动中的知识产权风险、知识产权资产的品质和价值、处置方式的合理性及技术创新的可行性等进行评估、评价、核查与论证，根据问题提出对策建议，为政府和企事业单位开展经济科技活动提供咨询参考。无论是把知识产权作为排他性工具，作为打击竞争对手获取损害赔偿金的诉讼工具，还是作为企业的业务和金融资产，进行知识产权评议都是不可或缺的一步。

世界知识产权组织的研究结果表明，如果在研究开发各个环节中充分运用知识产权信息，可节约40%的科研经费和60%的研发时间。在欧美等创新型国家，知识产权评议早已成为规划和促进技术创新的常用工具。美国将10%的研发投入用于评议，韩国有70%的政府投资项目开展评议。企业充分运用知识产权评议的手段，协助制定发展策略及研发计划，从而加强企业科研创新上的综合竞争力。但在国内，仅有少数企业注意到了知识产权评议的重要性，并逐步在独自摸索中开展相关活动，经验积累十分有限。

浦东知识产权局发现了创新企业发展中的这一困难，并将工作侧重点之一放在如何有效地帮助企业降低研发成本、提升创新成功率上。一方面让本地企业体验知识产权评议为企业经营带来的实际益处，另一方面在拓展知识产权评议服务内容的同时，广泛推进知识产权相关知识的普及。

在此背景下，浦东新区知识产权局主动对标国际，大力推广知识产权评议工作，不断提升服务机构的知识产权评议工作水平。多年来，浦东连续参加全国重大经济科技活动知识产权评议试点工作，累计完成知识产权评议项目26个，知识产权评议水平名列全国前列，评议质量已接近国际先进水平。

三、举　措

浦东知识产权评议工作能在全国名列前茅，得益于自觉对标国际先进、持之以恒地进行推广和培训、精益求精的管理以及脚踏实地的服务：

（一）建立科学的评议工作推进机制

浦东新区知识产权局首先建立了"政府政策引导、企业主动实施、机构对接服务"的三方联动工作机制。与以政府主导推进的做法相比，更有利于激发企业的主动性，推广速度较快，评议成果运用更直接。

（二）积极培育评议市场需求

为加强对评议工作的宣传推介，浦东新区知识产权局每年组织若干宣传会、成果推介会、经验交流会等，提高社会各界对知识产权评议作用的认识，激发市场需求。为增强宣传效果，在宣传手段上，也采取了编印带漫画的宣传册、制作宣传片等方式（见图21）。

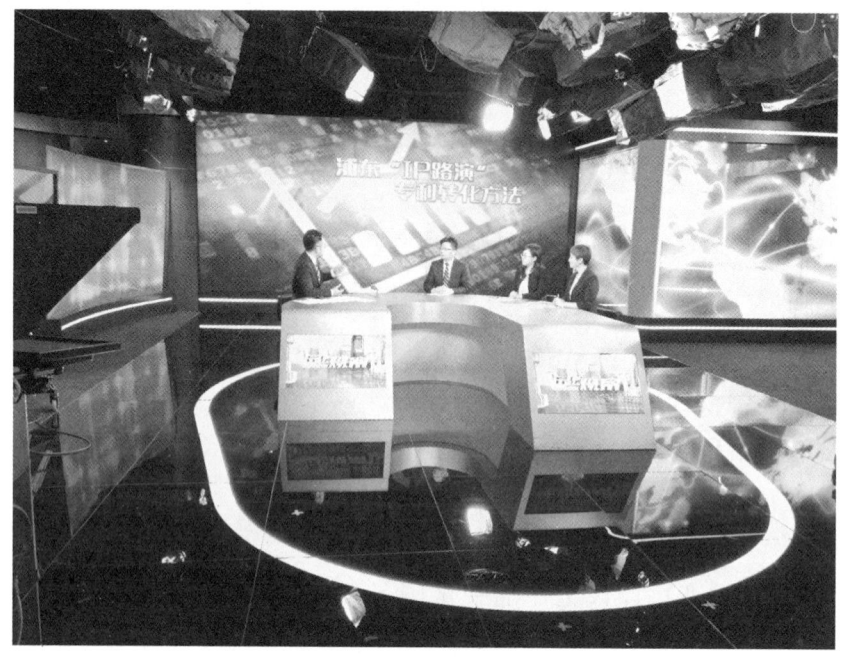

图 21　在东方财经·浦东频道录制知识产权评议节目

（三）大力培育评议服务机构和专业人才

以市场对知识产权评议的需求为牵引，浦东新区知识产权局搭建起了供需对接平台，吸引集聚了一批国内外的优质服务机构。同时引导服务机构加强对评议人才的培养，组织评议人才开展多种形式的业务培训和交流，鼓励参与国家各类评议人才认定的申报。目前，浦东开展知识产权评议的服务机构占全市 50% 以上，其中，具有国际服务水准的高水平评议机构有 6 家，经国家认定的各类评议人才 14 名，占全市服务机构评议人才数的 33%。

（四）强化评议质量控制

浦东新区知识产权局对评议工作实行全过程管理，指导开展评议的企业和服务机构分别建立评议管理制度和服务标准化制度，加强评议质量控制，确保评议结论准确可靠。

(五) 全面规划下一步工作

1. 探索从服务企业深化到服务产业

浦东新区知识产权局与浦东新区发改委合作开展"基于全球知识产权维度的浦东潜力产业培育"系列研究。2017年选取的是以机器人和物联网为重点的智能制造产业和新能源汽车产业领域,开展"从知识产权维度挖掘和培育新区潜力产业的投资引导"研究,为新区相关产业规划和"精准招商"提供支撑。

2. 探索从评价专利价值扩展到培育专利价值

以生物医药、重大装备制造、新一代信息技术等战略性新兴产业为重点,浦东新区知识产权局通过评议工作协助企业提升科研管理水平,培育出更多具有国际竞争力、能够引领产业发展的高价值专利技术。

3. 努力将平台打造成品牌

同时,浦东新区知识产权局致力于深入挖掘技术转化需求,尤其是力争实现调动创业板上市公司的积极性,打造"浦东IP路演"品牌以吸引更多企业、金融机构、科研院所等单位的关注和参与,最终形成一个交投活跃的专利技术转化大市场。

四、效 果

经过政府、企业、机构三方的共同努力,浦东知识产权评议工作取得了良好成绩:2014年"制度机制建设"在全国名列前茅,2015年"能力提升项目"在全国排名第一,申报的两个评议项目在"精品评议项目"中分列第二、三名。在国家知识产权局公布的2016年度重大经济科技活动知识产权评议试点工作验收结果中,浦东新区作为唯一一个区级单位,在与众多省级单位的竞争中脱颖而出,整体工作和单项工作的验收结果均名列榜首,成为全国知识产权评议试点工作开展5年以来,首个包揽整体工作和单项工作双第一的地区。

浦东的实践也证明,做好知识产权评议工作对加快科创中心核心区建设具有积极意义，主要体现在以下三个方面：

1. 有助于加速技术创新、推动产业升级

一是评议能支持定位技术突破方向、加快研发速度、节支增效。如天马公司通过评议找到了内嵌自电容触控技术的新方案，不仅每年节约了数亿元的专利许可费，而且还占据了国内触屏市场33%的份额；二是评议在打破产业链高端技术壁垒方面能够发挥关键作用。如三生国健运用评议成果打赢了我国首个抗体专利无效案件，为我国抗体冻干制剂产业发展扫清了专利障碍。

2. 有助于破解运营难题、促进专利技术转化

浦东新区知识产权局现已能运用评议手段破解科技成果发现、价值评估、产业衔接等专利转化运营难题，促进专利转化交易。2017年4月，浦东新区知识产权局举办了"浦东IP路演"活动（见图22）。

图22　2017年4月，浦东新区知识产权局举办"浦东IP路演"活动

目前，4个路演项目中已有3个项目进入技术转化的商务谈判阶段。这种转化模式已引起全国多地政府部门、金融投资机构、高校科

研院所、媒体等的广泛关注，具备复制、推广的条件。

3. 有助于带动知识产权服务业"提档升级"

评议工作深度介入企业研发和生产经营，使服务机构与企业的"捆绑"加深。例如，浦东评议服务领域的领军机构容智公司已参与到上核、日立等企业的核心决策会议。在其示范带动下，目前已有越来越多的知识产权服务机构涉足评议业务。

此外，浦东新区知识产权局还充分利用其集专利、商标、版权行政管理"三合一"的职能优势，在现有评议专利和非专利情报分析的基础上，还根据产业和企业的特点进一步探索将商标或软件著作权等其他知识产权也纳入重大经济科技活动知识产权评议工作中的途径，以期形成更全面的知识产权评议成果。

五、意 义

当今的商业竞争已随着经济发展逐步激烈，企业面对的市场风险也逐渐加大。资金实力不再是绝对竞争力的体现，企业软实力，或称知识产权实力的重要性日益凸显。企业知识产权策略辅助企业制定研发计划、降低投资风险、提高经营效率、增强竞争实力，在商业经营活动中所占的比重如今已不可小觑。而专利策略的制定及执行对于绝大多数企业来说也是经营活动中最为重要的一环。松散无序的专利申请与专利持有对于企业的技术实力仅仅能够起到最低限度的保护作用，而综合规划后形成的专利战略则将企业的专利拓展计划连点成面，形成一张疏密有致、互相连接的"专利网"，将专利制度对商业经营活动的价值最大化发挥出来，为企业的发展之路保驾护航。

企业专利战略，是指企业充分利用专利制度的内容对自身利益建立有效保护，并充分利用各类专利情报信息针对竞争对手及行业状况进行系统化分析的全局性策略规划。其目的是推进专利技术研发、取得专利竞争优势，并占领行业技术前沿、增强企业市场控制力，最终成功谋求企业的长远发展和经济活力。多样化的企业专利战略手段在商业运作活动中既有防御价值，又有进攻价值。除及时掌握相关专利及权益信息以保障企业利益得到最大化实现且不受侵犯之外,经营者还应根据行业综合特征、技术发展阶段、同业竞争局势、企业自身规划等背景因素,对企业尚在研发、已经获取和考虑纳入的专利项目进行有针对性、有预见性的组合和布局。企业的专利进攻战略包涵了基本专利战略,外围专利战略,专利转让战略,专利收买战略,专利与产品结合战略,专利与商标结合战略,资本、技术和产品输出的专利权运用战略以及专利回输战略等;而企业的专利防御战略又包含了取消战略,公开战略以及交叉许可战略等。在上述专利战略的制定和实施中,企业是否精确、综合、全局性地掌握了专利情报是核心要点。无论企业规模和市场地位如何,对于专利信息的全面获取和充分运用都并非企业仅凭一己之力能够实现的。

然而企业制定和实施专利战略时本无须孤军奋战,而应当积极主动地将知识产权分析评议、产业聚集区知识产权集群管理、专利分析预警、知识产权分析评议人才培养等服务项目融入经济科技活动中去。知识产权评议,就仿佛为企业在进行技术创新时安装了一台"雷达",能够随时监控相关技术发展动态,为企业提供创新启示;还相当于为企业在制定发展战略时安装了一台"导航仪",帮助企业穿越其他企业布下的知识产权"地雷阵"。

随着浦东局知识产权评议服务相关工作的"落地开花",市场对知识产权分析评议的需求日趋旺盛,越来越多的企业和单位有意向开展评议业务,浦东新区知识产权局的这项服务将起到规范管理和方向引导的示范领头作用。可以预见,随着工作的拓展、经验的精练、人才的培养,浦东新区知识产权局在知识产权评议工作方面的分析能力将会进一步增强、服务模式将会不断创新、服务产品也将会更加丰富,并且经过培养将会形成一批专业化高端评议人才。在今后的工作中,浦东新区知识产权局的知识产权评议工作还将更高效地协助企业进行基于知识产权情报的分析挖掘和调查研究,有效规避决策中的知识产权风险、实现科学决策以及优化创新路线并妥善解决经营中知识产权问题。

(执笔人:郭琦博士,上海大学知识产权学院讲师)

【专家点评】

由上海市浦东新区知识产权局所推行的知识产权评议工作，对于企业尤其是创新型企业的知识产权工作具有十分重要的战略意义和现实价值。企业在技术创新过程中，主要面临着三大重要需求：一是需要洞察最前沿的技术动态；二是需要充分解读这些前沿技术的权利要求；三是需要了解如何合理、合法地利用这些技术方案。浦东新区知识产权局会同特定的企业针对特定的项目进行了"专利前期调研、专利持续跟踪、专利挖掘及专利评审、专利申请"等一系列知识产权分析评议工作，这一分析评议工作将会有效推进企业适时走向产业前沿、有效拓宽技术思路、快速创新科技成果，从而有力保障企业创新发展。

浦东新区作为我国科技创新十分活跃的地区，如何进一步激发企业创新活力、引导企业高位创新，由政府知识产权职能部门知识产权局建立知识产权分析评议机制，通过引入专业知识产权分析评议机构，对诸如天马微电子股份有限公司这样的具有迫切知识产权分析评议需求的企业，在政府协调与推动之下进行知识产权评议工作既符合我国基本国情，也符合企业知识产权发展规律。从浦东新区知识产权评议工作的大量实践来看，也产生了非常明显的积极效果，短短四年时间就支持21家企业对26个亿元左右的重大项目进行了知识产权的评议工作，所涉领域大部分属于生物医药、医疗器械和电子信息等高科技和知识产权诉讼高发的行业，这些知识产权评议工作有效避免了这些领域的知识产权纠纷，产生了十分显著的社会效果。

(点评人：何敏博士，华东政法大学知识产权学院教授)

附 录

深化知识产权领域改革 需要"全链条"打通

——专访全国人大代表、国家知识产权局副局长何志敏

近年来,党中央、国务院高度重视知识产权工作,我国知识产权事业取得了举世瞩目的巨大成绩。2016年,发明、实用新型、外观设计三种专利申请受理量达到346.5万件,同比增长23.8%,其中发明专利申请受理量为133.9万件,同比增长21.5%。PCT国际专利申请受理超过4万件。国内有效发明专利拥有量突破100万件,每万人口发明专利拥有量达到8件。这一年,党中央、国务院对知识产权工作接连作出重要部署,尤其是中央全面深化改革领导小组会议审议通过知识产权综合管理改革试点总体方案,对深化知识产权领域改革作出重大决策部署。

"知识产权"已成为家喻户晓的字眼,相关改革也越来越受到国人的关注。围绕着知识产权对于大众创业、万众创新的重要意义,以及知识产权大而不强、多而不优、保护不力、效益不高等问题,近日,《小康》杂志记者对全国人大代表、国家知识产权局副局长何志敏进行了专访。

知识产权驱动创新发展

《小康》:这些年,我国的知识产权事业取得了举世公认的巨大成就,我国已经成为名副其实的知识产权大国,但却并不是一个知识产权强国,特别是在管理方面存在着多头分散、效率低下等问题,您是如何看待这些问题的?

何志敏:知识产权管理多头分散,确实影响了知识产权制度作用的有效发挥,制约了创新驱动发展战略的有效实施。

一是多头管理降低了管理效能,知识产权部门管理分散、统筹机

制复杂，诸多可以由部门内部协调的事项变为部门之间协调，可以由一个部门与多部门进行协调的事项变为多部门与多部门之间协调，增加了协调成本，浪费了行政资源。同时，多头对上、多头对下、多头对外，增加了复杂性，降低了一致性，为社会公众增添了困惑。

二是政出多门阻碍了知识产权集成运用，专利、商标、版权等知识产权需要在统一的目标导向下进行集成运用，才能实现效益的最大化。但是，由于缺少统筹协调，造成了各部门扶持政策目标不统一、内容不衔接、实施不协调，知识产权集成运用效果难以发挥，市场价值实现成为难题。

三是分头执法制约了保护水平，专利、商标、版权等执法各成体系、各管一摊，既容易造成执法空白和保护漏洞，又容易出现重复执法等现象，降低了社会对知识产权保护的满意度。

四是分散服务增加了社会成本，分散式的知识产权公共服务与企业对知识产权一体化服务的需求严重脱节。企业不得不将一件事分成多件事来办，往返于多个政府部门，生产经营成本大为增加。

五是职能分散阻断了知识产权之间的内在联系。专利、商标、版权等同属于知识产权，具有相似的内在属性和管理规律。但职能分散、分类管理的现状阻断了各类知识产权的内在联系，不利于知识产权整体效用的充分发挥，甚至导致推诿扯皮。

《小康》：党中央决定要深化知识产权领域改革，请您谈谈开展知识产权综合管理改革在当前有什么样的重要意义？

何志敏：深化知识产权领域改革，开展知识产权综合管理改革，加快推动知识产权强国建设，是实施创新驱动发展战略和供给侧结构性改革的重要举措。

一是实施创新驱动发展战略的迫切需要。知识产权制度是发挥市场机制科学配置创新资源的基本制度。深入实施创新驱动发展战略，解决好发展对创新的迫切需要与我国整体创新能力不强的矛盾，必须通过知识产权综合管理改革，提高知识产权制度的整体运行效率，优化知识产权的制度供给和技术供给，有效促进各类资源向创新者集聚，扩大有效和中高端供给，快速提升我国整体创新能力，增强经济发展的内生动力和活力。

二是实行严格知识产权保护的迫切需要。保护知识产权在内的各类产权是坚持社会主义基本经济制度的必然要求。我国知识产权保护不力、侵权易发多发，很重要的原因就是知识产权管理体制不顺，特别是专利、商标、版权等保护多头分散。加强知识产权保护，必须整合优化执法资源，推进建立知识产权大保护工作格局，全面、依法、严格保护好各类市场主体的知识产权。

三是加快转变政府职能的迫切需要。开展知识产权综合管理改革是完善行政体制、深入推进"放管服"改革的重要举措。知识产权的分散管理，降低了行政管理效率，制约了公共服务水平，增加了企业创新成本，不符合"精简、统一、效能"的发展方向。开展知识产权综合管理改革，必须探索有效可行的知识产权管理体制机制，提高知识产权战略规划、政策引导、社会管理和公共服务能力，推动建设法治型政府和服务型政府。

四是实现更高水平对外开放的迫切需要。知识产权是国际经贸往来和技术合作的通行规则，从各国实践看，知识产权综合管理符合客观规律和国际惯例。世界知识产权组织188个成员国中，实行综合管理的国家占绝大多数（181个），只有包括我国在内的7个国家实行分散管理。要在借鉴国际经验的基础上形成统一对外的运行机制，统筹协调涉外知识产权事宜，更好地维护我国国家和企业利益，不断提升我国知识产权国际影响力。

"三合一"综合管理改革已有"探路者"

《小康》：您觉得开展知识产权综合管理改革试点的可行性是怎样的？我们是否已经在地方上进行了一些有益的探索？

何志敏：党的十八届五中全会强调，要"深化知识产权领域改革"。十八届三中全会提出，要"优化政府机构设置、职能设置、工作流程，完善决策权、执行权、监督权既能相互制约又相互协调的行政运行机制"。中央多次强调，要"理顺部门职责分工，坚持一件事情原则上由一个部门负责"。《关于深化体制机制改革加快实施创新驱动发展战略的若干意见》明确要求加强知识产权综合行政执法。目前，上海浦东、上海自贸区、福建自贸区（厦门片区）等地已率先开展知识产权"三合一"综合管理改革的实践，并取得了良好的效果，为其他有条件的地方开展知识产权综合管理改革探索了方向、积累了经验。

以上海浦东为例，浦东新区知识产权局2015年1月1日正式运行以来，努力在知识产权管理体制创新和保护、运用等方面深入探索，确立了专利、商标和版权"三合一"集中管理体制，形成了司法保护、行政保护、调解仲裁、社会监督"四轮驱动"的知识产权保护模式，搭建了"投、贷、保、易、服"五位一体的知识产权价值实现平台，为营造国际化、法治化、便利化的营商环境提供了基础保障。

一是职能有机整合，服务能力明显提升。建立了知识产权公共事务"一站式"办理及举报投诉集中受理服务平台，一方面整合了浦东新区层面的专利、商标、版权三项职能，另一方面则承接了上海市有关部门下放的部分管理和执法事权，成为我国首个集专利、商标、版权于一身，兼具行政管理与综合执法职能的知识产权局，构建"管理和执法统一、保护和促进统一、交易和运用统一"知识产权工作体系，做到"一个部门管理、一个窗口服务、一支队伍办案"。

二是执法能力提升，构建大保护格局。浦东新区知识产权局探索建立知识产权纠纷多元解决机制——实现政府部门行政调解、人民法院司法调解以及人民调解的"三调联动"机制。目前，已初步形成浦东新区（自贸区）知识产权纠纷多元化解机制框架及知识产权纠纷快速处理平台。下一步浦东新区还将积极探索信用监管、协同监管等知识产权保护新模式，积极主动对标国际规则，推动建立与创新驱动发展要求相适应的知识产权保护体制机制。

三是金融产品创新，破解企业融资难题。2015年，浦东新区在全国率先推出知识产权金融卡项目，通过对企业的专利、商标、版权及相关无形资产组合打包，实现了无须固定资产抵押，即能获得较高额度授信,突破了知识产权与金融产品深度融合的难题。截至2016年6月,已有203家科技型企业通过该项目直接获得银行融资超过7亿元,带动银行贷款30亿元左右。在此基础上,2016年3月,浦东新区启动知识产权增信增贷计划,开发设计融保互通互认的知识产权评价体系,评价结果自动匹配融资额度,有效缩短知识产权融资周期,体现了知识产权增信增贷功能。

改革目标:由分散、管理向综合、治理转变

《小康》:请您谈谈知识产权综合管理改革试点的方向和主要目标是什么?

何志敏:中央全面深化改革领导小组第三十次会议强调,开展知识产权综合管理改革试点的方向,要紧扣创新发展需求,发挥专利、商标、版权等知识产权的引领作用,打通知识产权创造、运用、保护、管理、服务全链条,建立高效的知识产权综合管理体制,构建便民利民的知识产权公共服务体系,探索支撑创新发展的知识产权运行机制,推动形成权界清晰、分工合理、责权一致、运转高效的体制机制。

因此,知识产权综合管理改革的目标应由分散向综合转变,由管理向治理转变。构建与创新驱动发展要求相匹配、与加快政府职能转变方向相一致、与国际通行规则相接轨的知识产权综合管理体系,推进知识产权治理体系和治理能力现代化,实现提升管理效能、支撑创新驱动、促进经济健康稳定发展的改革效果。改革应遵循精简、统一、效能的原则。要按照"放管服"的要求,着力提高行政效率,降低行政和社会成本,加强执法保护,优化公共服务,为市场主体和创新主体营造有利于减负提效、创新驱动、开放发展的知识产权环境。

《小康》:中央明确要求,深化知识产权领域的改革是要打通知识产权创造、运用、保护、管理、服务全链条,建立高效的知识产权综合管理体制,但是也有少数人认为,知识产权综合管理改革试点可以在市场监管框架下开展,您对这个问题怎么看?

何志敏:此次综合管理改革试点着力于知识产权创造、运用、保护、管理、服务多个环节,全面发力推进,这是落实党中央、国务院关于让知识产权制度成为激励创新的基本保障的重要举措,目的是解决地方知识产权管理体制机制不完善、保护不够严格、服务能力不强、对创新驱动发展战略缺乏强有力支撑等突出问题,涉及知识产权创造、运用、保护、管理和服务全链条和所有环节,而市场监管只涉及行政保护环节的个别方面,如果将知识产权综合管理改革试点工作限定在市场监管框架下将大大压缩改革的空间,甚至是以市场监管体制改革替代知识产权综合管理改革,无法解决知识产权管理体制不完善和分散管理等现实问题,也不符合创新驱动发展战略实施的现实需要。尤其是,如果只限于市场监督,而忽视知识产权的促进,必将影响我国知识产权综合能力的提升,难以支撑新常态下经济的转型发展。

一是知识产权事务覆盖面广泛。知识产权工作不限于保护,还包括创造、运用、管理与服务等多个环节,是一个链条式的工作,即便知识产权保护也不限于执法等市场监管手段,还包括司法保护、预警、维权、调解、仲裁等纠纷解决渠道。知识产权部门除知识产权保护职责外,还应承担战略规划、激励创新、促进成果转化、保障市场机制运行、提供知识产权公共服务,以及推动技术交流扩散与产业国际化发展等重要职责。这次知识产权综合管理改革,中央也明确要打通知识产权创造、运用、保护、管理和服务全链条,是非常有针对性的。其实,即使是美国、日本、欧洲等发达国家,也把知识产权的全面发展作为主要的政策导向。

二是知识产权保护有其特殊性。知识产权具有无形性、时间性、地域性等诸多特性,其保护工作也有较强的系统性、专业性和特殊性。从系统性来讲,知识产权保护涉及获权、确权、用权、维权全过程,而不仅仅局限于市场流通环节。以专利侵权为例,其侵权行为包括制造、使用、销售、许诺销售和进口五类,单纯市场流通环节的执法,根本无法全面涵盖。从专业性来讲,知识产权执法对专业知识有很高要求,例如,专利行政执法,就需要有相关的专业技术知识和法律知识作支撑,而普通市场监管执法人员一般很难达到这样的要求,难以保证执法的权威性和专业性。从特殊性来讲,市场监管工作侧重于维护市场秩序,采取的是主动巡查执法方式,而知识产权特别是专利行政执法侧重于对创新者权利和权益的保护,主要采取的是应请求执法和开展相关调查相结合的多元解决方式,两者之间存在较大差异,有其自身的特殊性。在我们国家,诸如证券金融市场监管、文化市场监管、交通运输市场监管、房地产市场监管以及农林畜牧监管等,也都因其专业性和特殊性而未被纳入市场统一监管。

吴汉东：知识产权综合管理改革与治理体系现代化

知识产权综合管理是治理体系的重要变革。在现代国家里，治理体系包含了与治理活动有关的一整套制度安排、组织形态和治理体制机制所构成的制度系统。在知识产权治理活动中，政府治理较之市场治理、社会治理具有更为重要的地位和作用。从分散管理向综合管理转变，由简单管控向科学治理转变，即构建一种与创新驱动发展要求相匹配、与强化政府公共服务职能相一致的知识产权集中管理体制，是推进国家治理现代化的重大举措。

（一）

知识产权是知识经济时代的主要制度基础。知识产权治理体系的形成，经历了制度文明成长的长期孕育。可以认为，坚持自身的制度创新与促进社会的知识创新，是知识产权治理的历史过程和时代使命。

对知识产权事务实行集中统一的行政管理体制，大体可分为两种具体模式：一是"三合一"模式，即集专利、商标和著作权为一体的集中统一管理模式；二是"二合一"模式，即专利和商标为一体，著作权另行分设的相对集中的管理模式。在世界知识产权组织188个成员中，有181个实行综合管理体制，其中采"三合一"模式的近40%，采"二合一"模式的占55%。在知识产权大国中，英国、加拿大、俄罗斯等实行集中统一管理；美国、法国等实行相对集中管理。采取集中管理体制是基于各类知识产权相同属性，科学配置治理结构，保障创新发展的一种选择。

知识产权集中管理体制的成因，受到早期知识产权二元类分的历史影响，更有着现代知识产权一体化的战略需求。在知识产权法律产生之初，因应国家授权和促进工商业发展之需要，基于工业产权与文学产权类分的权利样态，从而形成专利、商标"二合一"的管理模式。自20世纪以来，知识产权已经成为涵盖专利、商标、著作权、地理标志、商业秘密、植物新品种、半导体芯片等各类无形财产的法律体系。基于此，有必要构建一个知识产权与科技、文化、经济、贸易、外交相关的统一运行机制。

（二）

当前，我国中央层面知识产权管理涉及知识产权局、工商总局、版权局、农业部、林业局等十多家部门和单位，存在"各管一摊，分立并行，职能交叉"的情况。知识产权局负责专利、集成电路布图设计的管理和审批；工商总局商标局负责商标（包括地理标志）的注册和管理；新闻出版广电总局（国家版权局）负责版权相关管理；农业部负责草本的植物新品种及农产品地理标志相关管理；林业局负责木本的植物新品种相关管理；质检总局负责地理标志产品相关管理。除此之外，海关总署、文化部、科技部、商务部等分别承担与其业务相关的知识产权管理工作。

由于中央层面分立式的管理格局，导致地方知识产权管理机构在机构性质、行政级别、职能配置、隶属关系等方面也较为复杂：有的是行政单位，有的是事业单位；省一级知识产权管理机构，有的是正厅级，有的是副厅级，甚至是处级；有的是独立机构，有的是地方科技厅（局）内设机构等。地方专利、商标、版权等管理部门各自都有执法队伍，版权执法由文化大队执行，专利有单独执法队伍，商标执法由工商行政管理机构负责。

在知识产权领域，中央管理格局的分离与地方管理体系的多样，是我们面临的突出问题。其主要表现为：一是分散管理对知识产权治理绩效的制约。目前知识产权管理部门繁多，诸多可以由部门内部协调的事项变为部门之间协调，可以由一个部门与多部门进行协调的事项变为多部门与多部门之间协调。二是政出多门对知识产权集成运用的限制。由于"多头分散"的管理现状，各部门出台的扶持和监管政策存在目标不尽统一、内容不尽衔接、实施不够协调等问题，导致了知识产权集成运用效果不能充分显现。三是分散服务对企业知识产权成本的负担。分散的知识产权公共服务与企业对知识产权一体化服务的需求严重脱节。企业不得不将一件事分成多件事来办，往返于多个政府部门，生产经营成本大为增加。四是多头对外对知识产权国际事务的影响。处理知识产权国际事务，需要统一的涉外方略和集中的实施部门。由于管理分散，其他国家和国际组织在与我国进行知识产权交流合作时，不得不面对多个知识产权管理部门，而我国在开展对外交流合作时，也需要多个部门参与，容易造成发声不一的情况。针对上述问题，我们需要以科学合理、协调高效为目标，进行政府治理结构的权利配置，即推进知识产权综合管理改革。

（三）

知识产权综合管理改革，意味从以往的分散管理，走向"三合一"或"二合一"的集中管理体制，鲜明地表现了"政府再造"的有效性目标和国家治理的现代化特征。

实现知识产权的综合管理，是治理体系变革的重要制度设计。2015年12月，国务院发表《关于新形势下加快知识产权强国建设的若干意见》，提出"有条件的地方开展知识产权综合管理改革试点"。2016年12月，习近平总书记主持召开中央全面深化改革领导小组第三十次会议，审议通过了《关于开展知识产权综合管理改革试点总体方案》。由此可见，综合管理改革是党中央、国务院对深化知识产权领域改革的重大决策部署。同时，知识产权管理"三合一"或"二合一"，也是各地改进分散管理模式的试点样本。在全国范围内，江苏省苏州市于2008年推行专利和著作权综合管理模式，上海市浦东新区自2015年以来首创专利、商标和著作权的集中管理机构，此外深圳、长沙以及各自贸区也开展了试点改革。上述地区和地方都积累了相当经验并取得明显成效，为将来知识产权的深化改革、全面改革提供了有益的范本。可以认为，知识产权综合管理，是战略目标要求、改革制度设计与"自下而上"试点共同作用的结果。

深化知识产权领域的体制改革，是加快推动知识产权强国建设，实施创新驱动发展战略和供给侧结构性改革的迫切需要。从现代国家治理的角度来看，管理体制改革是作为治理主体的政府对其治理体制的重构和治理能力的再造，从而实现依法行使国家管理职能、有效提供公共服务的目标。就其改革的主要任务和内容而言，有以下三个方面：一是建立综合型的知识产权管理体制。按照精简、统一、效能的原则，组建统一的知识产权行政管理部门，负责专利、商标、版权等知识产权行政管理职责，统筹协调涉外知识产权事宜。在综合管理体制下，新的管理部门应以提高授权审查质量、推动知识产权运用、营造知识产权环境为工作重点，逐渐实现从"管理"向"治理"的转变。二是构建统一性的知识产权执法体系。在以司法为主导的知识产权保护体系下，推进专利、商标、版权等知识产权综合行政执法，统筹行政执法与司法保护衔接，集中处理专利、商标、版权以及多种知识产权交叉的纠纷案件。加强知识产权行政执法能力建设，明确各级执法部门的工作职责和工作重点。三是提供一体化的知识产权公共服务。在知识产权综合管理体制下，界定政府知识产权公共服务的职责，整合知识产权公共服务资源，优化知识产权公共服务供给，实现知识产权信息等各类服务的便利化、集约化、高效化。在改善政府治理的同时，还要引导市场治理，加强统筹规划和行业管理。此外，应该扶持社会治理，发挥社会组织、企业和公民作用，完善知识产权维权援助机制。